Unii nu se gândesc niciodată că (
să moară, dar și că în viitor vor
acestui Univers, pentru a ne just
păcat, scrisă de rabinul Greg H(
moarte și despre ce se află dincoı
de un Mântuitor, care să ne aște
și care să ne ducă acasă în sigura. , ... iviantuitor este
Isus (Yeshua în limba ebraică). El este răspunsul pentru
viața de astăzi și pentru viața eternă. Însă cum ajungem
să-L cunoaștem pe acest Mântuitor și cum suntem siguri
că ce facem este bine? Răspunsul îl găsim în aceste pagini.

Dr. H. Dean Haun
Pastor principal, First Baptist Church, Morristown,
Tennessee
Președinte și fondator Harvest of Israel
Fost președinte al Convenției Baptiste din Tennessee

Rabinul Greg Hershberg a scris o carte practică și ușor de
citit, care vă va ajuta să înțelegeți mai bine Evanghelia și vă
va întări în credință.

Rabinul Jonathan Bernis
Președinte și Director General Jewish Voice Ministries

SĂ NU MORI ÎN PĂCAT

SĂ NU MORI ÎN PĂCAT

O explicație simplă pentru cea
mai bună veste pentru omenire

GREG HERSHBERG

www.getzel.org
Să nu mori în păcat
© 2024 de Greg Hershberg
Toate drepturile rezervate. Publicată în 2024.

Este interzisă reproducerea, stocarea într-un sistem de păstrare a datelor sau transmiterea în orice formă sau prin orice mijloace – electronice, mecanice, de fotocopiere, înregistrare sau altele, fără permisiunea scrisă a editurii.

<<Versete preluate din Biblia tradusă de Dumitru Cornilescu>>

Designer copertă: J.Martin

Traducător: Christian Lingua Translation Services

Aneko Press

www.anekopress.com

Aneko Press, Life Sentence Publishing și siglele noastre sunt mărci comerciale ale

Life Sentence Publishing, Inc.
203 E. Birch Street
P.O. Box 652
Abbotsford, WI 54405

RELIGIE/Teologie creștină/Soteriologie

ISBN volum: 979-8-88936-468-9

ISBN versiune electronică: 979-8-88936-469-6

10 9 8 7 6 5 4 3 2 1

Disponibilă în librării

CUPRINS

Cum am făcut cunoștință cu moartea 1

Moartea este inevitabilă 5

Există viață după moarte? 11

Moartea 21

Pot avea încredere în Biblie? 23

Ce înseamnă să mori în păcat? 45

Tâlharul de pe cruce 59

Nu trebuie să mori în păcat 63

Despre autor 69

CUM AM FĂCUT CUNOȘTINȚĂ CU MOARTEA

Îmi amintesc de parcă a fost ieri. Mă aflam în cada de baie, un băiețel de opt ani, când am auzit-o pe mama plângând și spunându-i tatălui meu că murise bunica. Mă întrista foarte tare nu doar că o auzeam pe mama cum plângea, dar și că îmi dădeam seama că nu o să o mai văd niciodată pe bunica. Cu toate că știam prea puțin despre moarte și despre cum se moare, știam destul cât să înțeleg că nu aveam s-o mai văd niciodată. Fusese singura care mai rămăsese în viață dintre bunicii mei și sufeream foarte mult. Nu doar fusese singura care mai rămăsese în viață dintre bunicii mei, dar fusese și o persoană frumoasă, cu un suflet bun, care mă făcuse întotdeauna să mă simt iubit.

Nimeni nu-mi vorbise vreodată despre moarte și nu murise încă nimeni apropiat mie, prin urmare chiar nu ştiam multe despre ce se întâmplă oamenilor după moarte. Moartea este un subiect la care celor mai mulţi dintre noi nu le place să se gândească sau despre care să vorbească, şi cu toate acestea, lucru destul de trist, toţi ajungem să facem cunoştinţă cu ea. În realitate, de-a lungul vieţii, cei mai mulţi dintre noi ne pierdem mulţi prieteni, membri de familie şi alte persoane dragi. Este o realitate tristă cu care nu ne place să ne confruntăm. Chiar şi când moare cineva, avem tendinţa de a recurge la termeni care să îndulcească pastila. Folosim expresii precum „a trecut dincolo", „s-a dus într-un loc mai bun" sau „s-a dus acasă". Realitatea este că persoana respectivă a murit.

Multor oameni le este frică de moarte din multe motive. Unul dintre acestea este teama de necunoscut. Moartea rămâne ultima necunoscută, pentru că nimeni niciodată în istorie nu i-a supravieţuit ca să povestească ce se întâmplă după ce ne dăm ultima suflare. Sunt oameni care susţin că au murit şi că s-au dus în rai sau în iad, dar pentru că nu există dovezi ştiinţifice care să le susţină afirmaţiile, acestea nu sunt acceptate la scară largă. Stă în firea omului să vrea să înţeleagă şi să pătrundă tainele lumii care ne înconjoară.

Un alt motiv pentru care oamenilor le este frică de moarte este teama de nefiinţă. Multora le este frică de ideea de a înceta în totalitate să existe. În mod normal putem asocia această frică cu ateii sau alte persoane fără convingeri personale spirituale sau religioase. Cu toate acestea, și mulți credincioși se tem că viața de apoi, în care ei cred, ar putea, la final, să nu fie adevărată sau că nu au câștigat viața veșnică cât au trăit. Da, chiar și credincioșii au preocupări legate de ideea morții și a vieții de apoi.

Apoi avem teama de pedeapsa veșnică. La fel ca frica de neființă, această convingere nu se aplică doar persoanelor religioase pioase sau credincioșilor spirituali sinceri. Mulți oameni, indiferent de convingerea religioasă sau de lipsa convingerilor spirituale, se tem că vor fi pedepsiți pentru ce au făcut sau nu au făcut cât au trăit pe Pământ. Ei au acest simț înnăscut că trebuie să plătească pentru ce au greșit.

Mai există și teama de a pierde controlul. Omul încearcă, în general, să controleze situațiile cu care se confruntă, iar moartea rămâne un lucru pe care, în esență, nu îl putem controla. Acest lucru îi sperie pe mulți. Unii oameni încearcă să controleze oarecum moartea, trăind într-o manieră extrem de atentă, pentru a evita riscurile, sau supunându-se la controale de sănătate frecvente și riguroase, însă adevărul este că fiecare om tot moare.

În cele din urmă, avem teama de ce se va întâmpla cu cei dragi nouă. O altă temere des întâlnită legată de moarte pleacă de la preocuparea noastră vizavi de ce se va întâmpla, dacă noi murim, cu cei aflați în grija noastră. Părinții, spre exemplu, își fac griji legat de un nou-născut sau de un alt copil. Familia care se îngrijește la domiciliu de o persoană dragă se teme că nimeni altcineva nu se poate ocupa de numeroasele nevoi și cerințe ale pacientului. Unei persoane aflate în floarea vârstei îi este teamă la gândul că moare și lasă în urmă soțul sau soția.

Teama sănătoasă de moarte ne poate ajuta să ne amintim să profităm la maximum de timpul petrecut aici, pe Pământ, și să apreciem corespunzător relațiile pe care le avem. Teama de moartea atât de reală ne mai poate determina și să muncim și mai mult, pentru a lăsa ceva în urmă. George Bernard Shaw a sintetizat bine acest aspect: „Vreau să fiu complet epuizat când mor, pentru că cu cât muncesc mai mult, cu atât trăiesc mai mult."[1] Acestea fiind spuse, moartea este oarecum o enigmă, care trebuie neapărat adusă în discuție, indiferent de ce presupune acest lucru, având în vedere faptul că toți murim.

---

[1] George Bernard Shaw, *Om și supraom*, actul IV (Londra: Royal Court Theatre, 1905)

MOARTEA ESTE INEVITABILĂ

Este bine să le vorbiți copiilor despre moarte. Când sunt suficient de mari pentru o discuție despre sex, sunt suficient de mari și pentru o discuție despre moarte – și este foarte important să faceți acest lucru.

Întotdeauna am fost atletic și pasionat de mișcare. Am practicat aproape toate sporturile. Îmi plăcea competiția, dar și sentimentul pe care mi-l dădea mișcarea fizică în sine. Atunci nu știam că în momentul în care faci mișcare fizică, creierul secretă endorfine. Endorfinele sunt substanțe chimice (hormoni) pe care le secretă corpul la durere sau stres. Acestea sunt eliberate în timpul activităților plăcute, cum ar fi mișcare fizică, mâncat sau activitate sexuală. Endorfinele ajută la reducerea durerii și a stresului și contribuie la o stare generală mai bună. În esență, endorfinele sunt analgezice naturale. Sunt substanțe chimice „ca să ne simțim bine", căci ne ajută să ne simțim mai bine, aducându-ne într-o stare de spirit pozitivă. Și astăzi simt în continuare nevoia de a face mișcare fizică – nu atât de mult pentru beneficiile fizice, cât mai degrabă pentru a mă simți bine.

Și soția mea a fost sportivă la școală, iar mai târziu a devenit instructor de aerobică și antrenor personal. De fapt, ne-am cunoscut la un centru de fitness din New York. Eu treceam printr-o perioadă din viața mea când îmi doream să rămân single. Tocmai încheiasem o relație serioasă, care nu funcționase din mai multe motive, și-mi doream o pauză. Mi-a fost de ajuns o singură privire la frumusețea răvășitoare de la recepția Jack LaLanne Fitness Center ca să mă pierd în totalitate.

După ce ne-am căsătorit și am pus bazele unei familii, a fost de la sine înțeleasă dorința noastră de a le oferi copiilor noștri un stil de viață activ, cu mișcare fizică. Mi-am dus băieții să facă sport și ridicări de greutăți. A început să le placă și mergeau regulat la sala de sport. Nu a durat mult și au ajuns să realizeze cât de puternici sunt, astfel că au început să ridice tot mai mult și tot mai greu și au început să-și dezvolte corpul – într-atât încât, ultima dată când am făcut lupte cu ei, am suferit o fractură de centură scapulară – și eu nu sunt la categoria ușoară! În ciuda faptului că umărul meu nu-și va mai reveni niciodată ca înainte, am fost foarte mândru de eforturile lor. În același timp, am simțit că au nevoie să știe că într-o zi își vor pierde puterile, iar trupurile lor vor zace într-un mormânt. Oricât de trist și deprimant sună acest lucru, este o discuție ce trebuie purtată.

Și fiicele mele au fost atletice. Și ele au practicat sportul și au devenit atlete de competiție. Nu vreau să par sexist, însă își și dădeau seama de aspectul lor fizic și au început să se machieze. Și ele trebuiau să înțeleagă că, într-o zi, acest aspect fizic va dispărea, iar trupurile lor vor zace și ele într-un mormânt. Ajutați-vă copiii să vadă că este important să se îngrijească de trup, însă este mai important să se îngrijească de suflet. Aud mulți părinți cum spun că au copii deștepți și mari sportivi, însă nu aud destui părinți care să vorbească despre caracterul frumos al copiilor lor sau despre cât de înțelegători sau cât de mult se aseamănă aceștia cu Cristos. După cum ne spune Biblia: *Căci deprinderea trupească este de puțin folos, pe când evlavia este folositoare în orice privință, întrucât ea are făgăduința vieții de acum și a celei viitoare.* (1 Timotei 4:8).

Sunt de părere că fiecare om trebuie să meargă la cel puțin o înmormântare pe an. Tuturor ne place să mergem la nunți: bucurie, veselie, petrecere – sunt atât de plăcute. Nunțile au legătură cu viața – iar moartea și trecerea în neființă nu au ce căuta acolo. Pe de altă parte, participarea la o înmormântare ne amintește faptul că viața nu este decât un abur (Iacov 4:14) și că într-o zi nici noi nu vom mai fi. La înmormântare, moartea te lovește direct în față și n-ai cum să-i scapi. Când aud de cineva care a murit, încerc să-mi reamintesc că într-o zi acel cineva voi fi eu.

Am înțeles devreme pe propria piele cât de scurtă este viața. Cei doi bunici ai mei au murit înainte să mă nasc eu, deci nu i-am cunoscut. Ambele bunice au murit înainte să fac eu zece ani.

Am primit o lovitură dură de la moarte când aveam cincisprezece ani, când a murit tata. Tatăl meu a avut o viață foarte grea. Și-a pierdut tatăl la o vârstă foarte fragedă. Apoi, puțin mai târziu, când avea zece ani, a venit Marea criză economică din 1929. Nu a avut niciodată șansa să se bucure de ceea ce eu aș numi o copilărie normală. La vârsta de 21 de ani, s-a înrolat în armată ca să lupte în Al Doilea Război Mondial. A primit Steaua de Bronz pentru curaj și decorația militară Purple Heart pentru răniți. A fost și declarat dispărut în misiune, deci puteți să vă imaginați tulburarea de stres posttraumatic cu care s-a întors acasă. Atunci nu existau ședințe de consiliere. Bărbații se întorceau acasă și-și căutau de muncă, ca să facă față cheltuielilor.

Tatăl meu lucra în port la încărcat și nu se abătea niciodată de la treabă. Avea o muncă grea și repetitivă. Pentru el nu conta decât să aibă grijă de familie. Era un bărbat puternic și întotdeauna simțisem că nu mi se putea întâmpla nimic atât timp cât el era cu mine. Cu alte cuvinte, mă simțeam complet în siguranță și protejat de el. I s-a ivit ocazia de a ieși devreme la pensie și a profitat de ea. Nu-și mai dorea decât să se ducă la meciuri de baseball, să asculte muzică jazz și să citească ziarul de la cap la coadă. După ce a ieșit la pensie, îmi amintesc că mi-a spus: „Greg, am învins sistemul." Nu avea de unde să știe că avea să moară peste câteva săptămâni. Nu o să-i uit niciodată pe cei doi străini intrând în micul nostru apartament, pentru ca apoi să treacă pe lângă mine, ducându-l pe tata într-un sac mare negru.

Din nou, nu știam multe despre moarte – doar că tatăl meu nu mai era și că nu aveam să-l mai revăd vreodată. Mesajul care mi-a străpuns mintea în acea zi a fost acela că viața este scurtă, deci că ar trebui să o trăiesc. Și am trăit-o! Mi-am trăit viața la maximum. Nu am trăit nicio clipă cu gândul la ziua de mâine, ci efectiv am trăit clipa. Nu mă preocupa ziua de mâine. Tatăl meu avea o vorbă: „Trăiește-ți viața în fiecare zi ca și cum acea zi ar fi ultima, căci într-o zi chiar așa va fi." Cu toate acestea, frica de moarte nu m-a părăsit nicio clipă. Nu știam decât că avem o singură viață, prin urmare mai bine o trăim!

Oamenii mor în diferite moduri. Unii mor în război sau în urma unor acte de violență. Unii mor de boală, atacuri de cord sau cancer. Chiar și așa, alții mor de bătrânețe. Momentul morții diferă. Unii oameni mor de tineri, iar alții trăiesc mult. Sunt importante aceste momente ale morții, însă nu sunt lucrul care contează cel mai mult. Eu am înțeles că cel mai important lucru la care să reflectăm este ce se întâmplă cu noi după ce murim.

Pentru majoritatea persoanelor, moartea este fie marele mister, fie marea negare. Oamenii fie evită în întregime subiectul, fie spun simplu: „Nimeni nu știe, prin urmare trăiește-ți viața." Persoanele care nu cred în Dumnezeu, ar putea fi de părere că viața este numai una și singura care contează, prin urmare cred că aceasta trebuie trăită. Cei mai mulți dintre noi dormim o treime din viață, iar o altă treime o muncim. Ceea ce înseamnă că două treimi din viețile noastre se duc dormind și muncind, prin urmare ne mai rămâne doar o treime pentru noi. Dacă analizăm detaliat această treime, avem responsabilități, afecțiuni de sănătate și îndatoriri care ne iau din acest timp. Conform World Population Review (Recensământul populației lumii),[2] în anul 2023 în toată lumea mureau 332.648 de oameni pe zi. Acest lucru înseamnă 13.860 de morți pe oră sau 231 pe minut.

Este bine să le vorbiți copiilor despre moarte. Când sunt suficient de mari pentru o discuție despre sex, sunt suficient de mari și pentru o discuție despre moarte – și este foarte important să faceți acest lucru.

---

[2] 2023 World Population Review, *https://worldpopulationreview.com*.

EXISTĂ VIAȚĂ DUPĂ MOARTE?

Astăzi oamenii își fac planuri mai mult ca oricând. Își fac planuri prin programele de pensii, prin programe de investiții pentru pensionari, asigurări sociale și așa mai departe. Dar unde se termină viitorul nostru? 52% dintre americani cred în rai și iad și doar 37% dintre ei cred în învierea în trup a celor morți. În cartea lui Iov se pune o întrebare simplă despre viața de apoi: *„Dacă omul moare, ar putea să mai învieze?"* (Iov 14:14). Întrebarea este ușor de pus, însă nu este ușor de găsit o persoană cu autoritate și experiență care să-i dea răspuns.

Isus este Cel care poate vorbi cu autoritate și din experiență despre viața de apoi. El are autoritatea exclusivă de a vorbi despre rai, pentru că de acolo a venit. Isus nu a fost un simplu învățător din rândul oamenilor, trimis de Dumnezeu. Isus a fost Cel care a trăit alături de Dumnezeu dintotdeauna și care a coborât în lume. Nicio ființă umană nu a avut acces la prezența lui Dumnezeu necontenit, așa cum a avut El. El S-a putut ridica în locul în care locuiește Dumnezeu într-un mod cu adevărat special, pentru că tocmai din rai pe Pământ a coborât El.

Isus, cu experiența Sa directă din rai, ne prezintă trei adevăruri esențiale despre subiectul vieții de după moarte:

1. Există viață după moarte.
2. Există două locuri între care fiecare dintre noi trebuie să aleagă.
3. Există o cale pentru a ne asigura că luăm decizia corectă.

În capitolul 12 din Marcu, când Isus Se întâlnește cu saducheii, El afirmă că există viață după moarte. Saducheii erau nonconformiștii de atunci, cum sunt liberalii astăzi. Erau bogați și ocupau funcții de putere, inclusiv pe cea de căpetenie a preoților. Aceștia construiseră un sistem de neîncredere și negare prin toleranță (unde orice este posibil) și relativism (când adevărul este orice vrei tu să fie). Ei L-au abordat pe Isus cu o situație absurdă, încercând să ia în derâdere ideea de înviere a trupului. Ei I-au amintit lui Isus că Legea lui Dumnezeu avea o prevedere specială cu privire la văduvele din Israel. Pentru a continua descendența familiilor, Legea prevedea că dacă un bărbat moare fără urmași, atunci fratele său trebuie să o ia de nevastă pe soția acestuia. *„Când frații vor locui împreună și unul din ei va muri fără să lase copii, nevasta mortului să nu se mărite afară, cu un străin, ci cumnatul ei să se ducă la ea, s-o ia de nevastă și să se însoare cu ea ca cumnat."* (Deuteronomul 25:5)

Aceștia i-au spus lui Isus: „Să presupunem că o femeie este nevasta unui bărbat, iar acesta moare. Bărbatul are șase frați, iar femeia devine nevasta următorului frate, care moare și el. Toți cei șase frați ai primului ei bărbat mor după ce aceasta devine nevasta fiecăruia. În cele din urmă moare și ea." Iar acum vine întrebarea inteligentă. Aceștia Îl întreabă: „La înviere, nevasta căruia dintre frați va fi ea?" Aceștia se credeau deștepți, însă Mântuitorul le-a spus că se rătăcesc, necunoscând nici Scripturile, care vorbesc despre înviere, nici puterea lui Dumnezeu, prin care sunt înviați cei morți.

Imaginați-vă scena: elita societății, intelectualii, deținătorii puterii. Aceștia erau aristocrații, cu relații politice cu Roma, dar și cu Templul din Ierusalim. Nu simpatizau cu oamenii de rând, și nici oamenii de rând nu-i simpatizau. Isus, un om de rând, venit din orășelul prost văzut și sărac al Nazaretului, vine la ei și are curajul să le spună că s-au rătăcit.

În primul rând, aceștia ar fi trebuit să știe că relația de căsătorie nu continuă în ceruri (Matei 22:30). Apoi Isus îi ia pe saduchei, care puneau preț mai mare pe legea lui Moise decât pe restul Vechiului Testament, şi îi trimite la ceea ce spune Moise lângă rugul aprins (Exodul 3:6), unde Dumnezeu afirmă că este Dumnezeul lui Avraam, Dumnezeul lui Isaac şi Dumnezeul lui Iacov. Isus S-a folosit de acest lucru pentru a le arăta că Dumnezeu este un Dumnezeu al celor vii, şi nu un Dumnezeu al celor morţi. Dar cum vine asta: Avraam, Isaac şi Iacov nu muriseră demult, când i S-a arătat Dumnezeu lui Moise?

Ba da, trupurile lor zăceau îngropate în peştera Macpela din Hebron. Şi atunci cum este Dumnezeu un Dumnezeu al celor vii? Argumentul ar fi acela că Dumnezeu Îl promisese pe Mesia acestor patriarhi (Avraam, Isaac şi Iacov). Promisiunea nu se adeverise în timpul vieţilor lor. Când Dumnezeu i-a vorbit lui Moise lângă rugul arzând, trupurile acestor patriarhi zăceau în mormânt, cu toate acestea Dumnezeu spune că El este un Dumnezeu al celor vii. Pentru că Dumnezeu nu minte, înseamnă că Îşi va împlini promisiunea făcută lui Avraam, Isaac şi Iacov. Prin urmare, învierea devine absolut obligatorie, ţinând cont de ceea ce ştim noi despre caracterul lui Dumnezeu.

În capitolul 14 din Cartea lui Ioan, Isus îi linişteşte pe ucenici spunându-le lor, dar şi nouă, despre viaţa de apoi: *Să nu vi se tulbure inima. Aveţi credinţă în Dumnezeu şi aveţi credinţă în Mine. În casa Tatălui Meu sunt multe locaşuri. Dacă n-ar fi aşa, v-aş fi spus. Eu Mă duc să vă pregătesc un loc. Şi după ce Mă voi duce şi vă voi pregăti un loc, Mă voi întoarce şi vă voi lua cu*

Mine, ca, acolo unde sunt Eu, să fiți și voi. (Ioan 14:1-3). Isus le-a spus că urma să plece și că nu-L vor mai vedea. El le-a spus: „Voi credeți în Dumnezeu, cu toate că nu-L vedeți, tot la fel credeți și în Mine!" Casa Tatălui se referă la rai, unde sunt multe locașuri. Au loc acolo toți cei răscumpărați. Dacă n-ar fi așa, le-ar fi spus Domnul. Nu i-ar fi lăsat să-și facă speranțe deșarte.

Isus a spus: *Eu Mă duc să vă pregătesc un loc.* Domnul S-a întors în rai ca să pregătească un loc. Nu știm prea multe despre acest loc, însă știm că se fac pregătiri pentru toți copiii lui Dumnezeu. Lucrul important este că acesta este descris ca fiind un loc extraordinar, unde nu există durere, nu există întristare, nu există suferință și nu există moarte (Apocalipsa 21:4). Despre acest loc putem spune în sfârșit că „este perfect", serios vorbind. *Și după ce Mă voi duce și vă voi pregăti un loc, Mă voi întoarce și vă voi lua cu Mine, ca, acolo unde sunt Eu, să fiți și voi.* Aici se face referire la întoarcerea Domnului. Cei care au murit în credință vor învia când toți cei vii se vor schimba și când toți cei care au crezut în Cristos se vor ridica la cer. Este revenirea efectivă a lui Mesia în persoană. Pe cât de sigur este că a plecat, pe atât de sigur este că Se va întoarce.

Nu putem discuta despre viață, moarte și viața de apoi fără să amintim de parabola bogatului și a lui Lazăr (Luca 16:19-31). Este chintesența când vine vorba de viața de apoi. În această povestire, întâlnim unele din cele mai clare paralele, dacă nu chiar *cea* mai clară paralelă întâlnită în Biblie. Avem două vieți, două morți și două vieți de apoi. Haideți să vedem:

Isus a spus: „Era un om bogat, care se îmbrăca în porfiră și in subțire și în fiecare zi ducea o viață plină de veselie și strălucire. La ușa lui, zăcea un sărac numit Lazăr, plin de bube. Și dorea mult să se sature cu firimiturile care cădeau de la masa bogatului; până și câinii veneau și-i lingeau bubele.

Cu vremea, săracul a murit și a fost dus de îngeri în sânul lui Avraam. A murit și bogatul și l-au îngropat. Pe când era el în Locuința morților, în chinuri, și-a ridicat ochii în sus, a văzut de departe pe Avraam și pe Lazăr în sânul lui.

Și a strigat: 'Părinte Avraame, fie-ți milă de mine și trimite pe Lazăr să-și înmoaie vârful degetului în apă și să-mi răcorească limba, căci grozav sunt chinuit în văpaia aceasta.'

'Fiule', i-a răspuns Avraam, 'adu-ți aminte că, în viața ta, tu ți-ai luat lucrurile bune, și Lazăr și-a luat pe cele rele; acum, aici, el este mângâiat, iar tu ești chinuit. Pe lângă toate acestea, între noi și între voi este o prăpastie mare, așa ca cei ce ar vrea să treacă de aici la voi sau de acolo la noi să nu poată.'

Bogatul a zis: 'Rogu-te dar, părinte Avraame, să trimiți pe Lazăr în casa tatălui meu, căci am cinci frați, și să le adeverească aceste lucruri, ca să nu vină și ei în acest loc de chin.'

Avraam a răspuns: 'Au pe Moise şi pe proroci; să asculte de ei.'

'Nu, părinte Avraame', a zis el, 'ci, dacă se va duce la ei cineva din morţi, se vor pocăi.'

Şi Avraam i-a răspuns: 'Dacă nu ascultă pe Moise şi pe proroci, nu vor crede nici chiar dacă ar învia cineva din morţi'." (Luca 16:19-31)

În primul rând îl avem pe bogat. El poartă cele mai frumoase haine – robe de porfiră şi cămăşi scumpe de in de bumbac egiptean. Casa sa este un palat cu grădini bogate, atent îngrijite. În palat, are cele mai scumpe piese de mobilier şi nepreţuite lucrări de artă. Podelele din marmura adusă din Italia sunt magnifice şi în luciul lor se oglindesc atât de bine oaspeţii, cu siguranţă încântaţi de acest lucru. Pe masa sa se regăsesc o varietate de delicatese – cele mai gustoase cărnuri, păsări şi fructe de mare ce se pot cumpăra, cele mai variate fructe şi legume şi cele mai rafinate vinuri provenite din cele mai bune podgorii din lume. Aşa îşi duce viaţa bogatul în fiecare zi.

Apoi îl avem pe Lazăr, cerşetorul. Părăsit la uşa bogatului, ca un sac de gunoi, probabil fusese adus acolo de cei care nu-l voiau în vecinătatea lor. Arată deplorabil, ca o grămadă de oase, sfrijit de foame. Are trupul acoperit de bube infectate şi este chinuit de câinii murdari, care vin şi-i ling rănile.

Cine să se oprească să ajute un asemenea nenorocit? Cine să-i dea de mâncare, să-l cureţe şi să-l îmbrace?

Cine să-l primească în casă și să-i ofere adăpost peste noapte? Cine să-i curețe rănile? Cine să-l țină de mână și să-i asculte povestea vieții? Cine?

Bogatul trăiește doar pentru el, îngrijindu-se de plăcerile și poftele sale trupești. El nu-L iubește sincer pe Dumnezeu și nu-i pasă de aproape. Lazăr speră că, poate, poate, unul dintre invitații la numeroasele petreceri pe care le dă bogatul îi aduce la plecare firimiturile de la masă. Însă, destul de trist, în locuința bogatului mila nu prea există. Niciunul dintre invitați nu vrea să-l privească, darămite să se apropie de el sau să se atingă de el. Lazăr îi privește cum vin și pleacă, iar aceștia îl ignoră.

Dintr-odată, linsul câinilor se transformă în atingerea îngerilor. Cerșetorul moare și este purtat de îngeri în sânul lui Avraam. Mulți oameni nu sunt convinși că îngerii ajută la ducerea sufletelor credincioșilor în rai, însă nu avem motive să ne îndoim de ceea ce ni se spune aici. Îngerii le slujesc credincioșilor în viața de aici și nu văd de ce nu ar face asta și când murim. „Sânul lui Avraam" este o expresie simbolică, pentru a descrie acel loc plin de fericire. Pentru orice evreu, gândul de a sta alături de Avraam ar însemna o bucurie inexprimabilă. „Sânul lui Avraam" este un alt termen folosit pentru a vorbi de rai.

Astfel trupul bogatului este îngropat în moarte, iar sufletul sau conștiința sa ajung în Locuința morților, care este locuința celor nemântuiți. Pentru că bogatul este chinuit, trebuie să subliniem câteva lucruri:

1. Trebuie specificat clar că acest bogat nu a fost condamnat să ajungă în Locuința morților din cauza bogăției. Ignorându-l fără scrupule pe cerșetorul care zăcea la ușa sa, bogatul a arătat că nu crede cu adevărat în mântuire. Dacă el ar fi avut dragostea lui Dumnezeu, nu ar fi putut trăi în lux, plăcere și de toate în timp ce un semăn al său stătea la ușa sa cerșind firimiturile de la masă. Probabil că ucenicii au fost surprinși foarte tare că bogatul a ajuns în Locuința morților, pentru că fuseseră învățați că bogăția era un semn de binecuvântare și aprobare din partea lui Dumnezeu.

2. Tot la fel de adevărat este și faptul că nu sărăcia lui Lazăr l-a mântuit pe acesta. Lazăr s-a mântuit pentru că a crezut că Domnul îi va salva sufletul. Sărăcia nu este neapărat o virtute. Din această povestire reiese că după moarte existăm conștient. De fapt, suntem uimiți de cât de multe știe bogatul. El îl vede pe Avraam departe și alături de el pe Lazăr. El poate chiar și să vorbească cu Avraam. Îl strigă *Părinte Avraame* și-l roagă să se îndure de el, implorându-l să-l trimită pe Lazăr să-i aducă un strop de apă să-și răcorească limba.

Patriarhul îi aminteşte bogatului de viaţa pe care a dus-o în lux şi opulenţă şi fără griji. Îi mai vorbeşte şi de sărăcia şi suferinţa îndurate de Lazăr. Acum, după moarte, situaţia s-a inversat. Diferenţele din viaţă s-au inversat. Lazăr, odinioară abandonat în suferinţă la uşa palatului bogatului, acum vede cum bogatul este abandonat la porţile raiului, chinuit. Aflăm aici că alegerile pe care le facem în această viaţă ne determină destinul etern. După ce murim, nu mai putem schimba destinul. Nu există cale de legătură între locaşul celor mântuiţi şi locuinţa celor condamnaţi. Cu toate aceste chestiuni mărunte, trebuie să nu pierdem din vedere mesajul povestirii: mai bine cerşim pâine pe Pământ, decât apă în Locuinţa morţilor.

MOARTEA

Moartea este cea mai prost înțeleasă parte a vieții. Ea nu este o mare adormire, ci o mare trezire. Este momentul când ne trezim, ne frecăm la ochi și vedem lucrurile așa cum le-a văzut Dumnezeu dintotdeauna.

Ne putem gândi la moarte ca la o separare. Moartea fizică este separarea trupului de suflet, iar moartea spirituală este separarea sufletului de Dumnezeu. Isus ne-a învățat să nu ne temem de moartea fizică, dar să ne preocupăm cel mai mult de moartea spirituală (Matei 10:28). Pentru necredincioșii care mor, Locuința morților este o stare spirituală, fără trup, de pedeapsă conștientă, o stare de suferință. Este un fel de sală de așteptare, o stare intermediară, în așteptarea judecății finale a lui Dumnezeu. Iadul este închisoarea finală a celor răi care mor. Factorul decisiv la această judecată este dacă persoana respectivă a murit în păcat sau dacă a murit în Domnul.

G. B. Hardy, un matematician cunoscut în întreaga lume și un extraordinar om de știință specializat în genetica populației, a afirmat odată: „Am de pus doar două întrebări. Prima: a învins cineva până acum moartea? A doua: mi-a pregătit calea s-o fac și eu?"[3] Răspunsul la întrebările lui Hardy este un răsunător „Da!" O singură persoană a și învins moartea și ne-a și oferit tuturor calea de a o face și noi, punându-ne încrederea în El. Cine se încrede în Isus Cristos nu trebuie să se teamă de moarte. Cuvântul lui Dumnezeu ne învață că prin credință în Isus, învingem moartea și mormântul. Cu alte cuvinte, cel care crede în Isus Cristos poate spune cu încredere și smerenie: „Hei, moarte, cui îi mai e frică acum de tine?" Însă putem avea cu adevărat încredere în Cuvântul lui Dumnezeu?

---

[3] G. B. Hardy, *Countdown: A Time to Choose* (Chicago: Moody Press, 1972).

POT AVEA ÎNCREDERE ÎN BIBLIE?

„Mulți oameni refuză să creadă, dacă nu au dovezi, așa cum, într-adevăr, ar și trebui să facă. Pentru că Dumnezeu ne-a făcut ființe raționale, El nu Se așteaptă să trăim irațional. El vrea să ne asigurăm înainte de a sări", spunea Norman Leo Geisler, teolog sistematic creștin și apologet creștin. „Asta nu înseamnă că nu e loc și de credință. Însă Dumnezeu vrea să pășim în credință în lumina dovezilor, și nu să ne aruncăm cu capul înainte."[4]

Când citim o carte, un articol dintr-o revistă sau o lucrare de cercetare, de unde știm că ceea ce citim este de încredere și adevărat? Chauncey Sanders, expert militar și istoric, a scris în cartea sa *Introduction to Research in English Literary History* (Introducere la cercetare în istoria literară engleză – n.trad.) că sunt trei teste ce

---

[4] Norman Geisler, *Apologetica creștină* (Ada, Michigan: Baker Academic Publishing, 2013).

se pot face pentru fiabilitatea unui document literar: (1) dovezile interne – ce susține documentul în sine, (2) dovezile externe – cum se aliniază documentul la adevăruri, date și oameni, și (3) dovezile bibliografice – tradiția textuală de la documentul original la copiile și manuscrisele pe care le deținem astăzi.[5]

Intern, Biblia a fost scrisă într-un arc de timp de 1600 de ani sau 40 de generații. A fost scrisă de peste 40 de bărbați provenind din diferite medii. Spre exemplu, Moise a fost educat în Egipt și a devenit profet în rândul israeliților, Iosua a fost general de armată, Daniel a fost prim-ministru, Petru a fost un simplu pescar, Solomon a fost rege, Luca a fost medic, Amos a fost păstor, Matei a fost colector de taxe, iar Pavel a fost rabin, dar și producător de corturi. Fiecare dintre autori avea ocupații diferite și provenea din medii diferite.

Biblia a fost scrisă în numeroase locuri diferite; de fapt, a fost scrisă pe trei continente diferite: Asia, Africa și Europa. Moise a scris în deșertul Sinai, Pavel a scris într-o închisoare din Roma, Daniel a scris în exil în Babilon, iar Ezra a scris în cetatea în ruine a Ierusalimului. A fost scrisă în multe circumstanțe diferite. David a scris în vreme de război, Ieremia a scris într-o perioadă tristă de declin al Israelului, Petru a scris în timpul dominației Israelului de către romani, iar Iosua a scris în timpul invaziei ținutului Canaan.

---

5 Chauncey Sanders, *Introduction to Research in English Literary History* (New York: The Macmillan Company, 1952).

Autorii au scris din diferite motive. Isaia a scris pentru a atenționa poporul lui Israel cu privire la judecata viitoare a lui Dumnezeu pentru păcatele lor, Matei a scris pentru a le arăta evreilor că Isus este Mesia, Zaharia a scris pentru a îmbărbăta un popor deznădăjduit al Israelului, care tocmai se întorsese din exilul în Babilon, iar Pavel a scris pentru a soluționa probleme apărute în diferite adunări din Asia și Europa. În plus, Biblia a fost scrisă în trei limbi diferite: ebraică, aramaică și greacă.

Dacă cumulăm toți acești factori, constatăm că Biblia a fost scrisă într-un arc de timp de 1600 de ani de 40 de autori diferiți, în locuri diferite și în limbi diferite, în circumstanțe diferite și pentru a aborda o multitudine de chestiuni. Este uimitor cum, cu o așa diversitate, Biblia este atât de unitar realizată. Acest caracter unitar se construiește în jurul unei singure teme: răscumpărarea omului și a întregii creații de către Dumnezeu. Sunt abordate sute de subiecte controversate, cu toate acestea autorii nu se contrazic deloc. Biblia este un document cu adevărat incredibil. Nu pot decât să-mi imaginez ce ar ieși dacă am lua doar 10 autori din aceeași clasă socială, aceeași generație, același loc, același timp, aceeași stare spirituală, același continent și aceeași limbă – care să scrie toți despre același subiect controversat. Cu siguranță am avea o conglomerare de idei – orice altceva, dar nu ceva unitar. Din punct de vedere intern, în Biblie nu sunt discrepanțe și niciun fel de dezacorduri.

Haideți să trecem acum la dovezile externe ale Bibliei – sau la cum se aliniază Biblia la adevăruri, date și oameni. În 1964, Misiunea Arheologică Italiană, condusă de Paolo Mathiae, a început săpăturile arheologice de la Tel Mardikh, în nordul Siriei. În 1968, a fost descoperită statuia lui Ibbit-Lim, regele cetății Ebla. Între 1974 și 1976 s-au descoperit 2.000 de plăcuțe de dimensiuni diferite, de la 2,5 cm la peste 30 cm, precum și 4.000 de fragmente și peste 10.000 de bucăți mai mici, toate datând din jurul anului 2300 î.Hr. În cetatea Ebla, se folosea numele „Canaan", despre care criticii spuseseră odată că nu se folosea la acea vreme și că în primele capitole din Biblie a fost incorect folosit. Și nu numai: s-au descoperit nume precum Adam, Eber și Yithro, precum și numele zeilor cetății Ebla, printre care Dagon, Baal și Ashtar.

În 1896, arheologul britanic Flinders Petrie face la Thebes, în Egipt, o descoperire importantă, care-i încurcă pe scepticii de dinainte, dar confirmă ce spune Biblia. Este descoperită o placă cunoscută sub numele de Merneptah Stele, o lespede verticală din piatră cu inscripție, reprezentând un monument, pe care apare numele de Israel. Fiindcă tot vorbim despre asta, Merneptah a fost un faraon care a condus Egiptul între 1212 și 1202 î.Hr. Din detaliile de pe stelă, rezultă că Israelul era o entitate importantă la sfârșitul secolului al XIII-lea î.Hr. Este foarte important acest lucru, pentru că este prima referință externă Bibliei, care a fost descoperită, despre poporul Israel.

Hitiții erau cândva considerați o legendă biblică, cu toate că aceștia sunt menționați în Vechiul Testament de peste 50 de ori. Acest lucru a fost adevărat până când în nordul Turciei au fost descoperite capitala și alte înregistrări ale lor. Prima descoperire făcută de cărturarul francez Charles Texier a scos la iveală primele ruine ale hitiților în anul 1834. Apoi au urmat, descoperire după descoperire, alți arheologi, precum Hugo Winckler. În anul 1906, Winckler a descoperit o arhivă regală cu 10.000 de tablete cu înscrisuri cuneiforme în limba akkadiană.

Zidurile Ierihonului au fost descoperite în anii 1930 de arheologul britanic John Garstang. Povestea căderii zidurilor Ierihonului apare în Iosua 6:1-27. Poporul Israel tocmai traversase râul Iordan, intrând în ținutul Canaan (Iosua 3:14-17). Aceasta era țara în care curgea lapte și miere, pe care Dumnezeu i-o promisese lui Avraam cu mai bine de 500 de ani înainte (Deuteronomul 6:3; 32:49). După 40 de ani grei, petrecuți rătăcind în deșertul Sinai, poporul lui Israel se află acum pe malurile dinspre răsărit ale râului Iordan. Trebuiau să cucerească ținutul Canaan, pământul făgăduinței. Însă primul obstacol întâmpinat este cetatea Ierihonului (Iosua 6:1), o cetate cu ziduri insurmontabile. Săpăturile realizate la fața locului arată că cetatea era fortificată cu un zid din piatră înalt de aproximativ 2,5 metri şi lat de 4,5 m. Pe coamă, era prevăzut cu o pantă înclinată uniformă, îndreptată în sus la un unghi de 35 de grade, cu o lăţime de 10 m, după care acesta se îmbina cu ziduri masive din piatră, care se înălţau şi mai mult. Era efectiv insurmontabil – însă zidurile cad când Iosua şi armata sa mărşăluiesc în jurul zidurilor timp de şapte zile la rând, iar în a şaptea zi înconjoară zidul, sună din trâmbiţe şi scot strigăte. Săpăturile arheologice scot la iveală ziduri care se potrivesc descrierii din Iosua 6.

În 1990, cercetătorii de la Harvard au dezgropat o figurină de viţel din bronz placat cu argint, care aminteşte de viţelul uriaş de aur menţionat în cartea Exodul.

În 1993, la Tel Dan, arheologii au descoperit o inscripţie din secolul al IX-lea î.Hr. Cuvintele sculptate într-o bucată de bazalt fac referire la casa lui David şi la regele lui Israel. S-a afirmat odată că nu a existat niciun rege asirian pe nume Sargon, aşa cum se spune în Isaia 20:1, deoarece acest nume nu apărea în nicio altă înregistrare. Apoi, a fost descoperit în Irak palatul lui Sargon, iar cucerirea cetăţii Ashdod, evenimentul menţionat în Isaia capitolul 20, era reprezentat pe zidurile palatului. La Ashdod au fost găsite şi mai multe fragmente din stela care comemora victoria.

Ruinele Sodomei şi Gomorei au fost descoperite la sud-est de Marea Moartă. Dovezile de la faţa locului par a fi în concordanță cu relatarea biblică: *Atunci Domnul a făcut să plouă peste Sodoma și peste Gomora pucioasă și foc de la Domnul din cer* (Geneza 19:24). Rămășitele de moloz aveau o grosime de aproximativ un metru, iar clădirile au fost arse de flăcări care au izbucnit pe acoperișuri. Frederick Clapp, geolog american, formulează teoria conform căreia este posibil ca presiunea de la cutremur să fi aruncat în aer bitum încărcat cu sulf, care este foarte asemănător cu asfaltul și despre care se știe că ar fi prezent în zonă, prin linia de falie pe care se află orașul.[6]

Nelson Glueck, renumit rabin american, arheolog și președinte al Hebrew Union College, a descoperit 1.500 de situri antice. Este cunoscut pentru afirmația: „Nicio descoperire arheologică nu a contrazis vreodată o referință biblică."[7] Dr. William Albright, arheolog, cercetător biblic și filolog, a spus: „Nu există nicio îndoială că arheologia a confirmat istoricitatea substanțială a Vechiului Testament."[8]

Nu în ultimul rând, există dovezi bibliografice. Codexul este un set de pagini de manuscris legate prin coasere. Este cea mai veche formă a unei cărți, care a înlocuit sulurile și tablele cerate din antichitate. Textul masoretic nu este un codex specific, ci mai degrabă un

---

[6] Frederick G. Clapp, *American Journal of Archaeology* (Chicago: University of Chicago Press, 1936), 323-344.
[7] Nelson Glueck, *Rivers in the Desert* (New York: Farrar, Straus, and Cudahy, 1959), 136.
[8] William F. Albright, *Archaeology and the Religion of Israel* (Baltimore: John Hopkins University Press, 1956), 176.

termen umbrelă pentru ceea ce considerăm a fi textul evreiesc/rabinic autentic pentru Vechiul Testament. În secolul al VI-lea, un grup de învățați, numiți masoreți, au început să urmărească cu atenție ceea ce trebuia să fie textul corect al Bibliei. Păstrau note consistente pe margini și comparau toate manuscrisele existente. Datorită erudiției lor remarcabile, a devenit rapid versiunea atestată în absolut a Bibliei. Masoreții au inclus totul, de la textul în sine până la vocalizarea adecvată, accente și versete complete cu ortografie defectuoasă. Masoreții erau foarte meticuloși și instruiți profesional să copieze documente. Ei priveau cuvintele lui Dumnezeu cu cea mai mare reverență. De exemplu, dacă trebuiau să copieze cartea lui Isaia, întregul text îl scriau cu majuscule, fără semne de punctuație sau paragrafe. După ce terminau de copiat, ei numărau literele și găseau litera din mijloc a cărții. Dacă nu se potrivea exact, o aruncau și începeau o nouă copie. Toate copiile din prezent ale textului ebraic se potrivesc remarcabil.

În secolul al X-lea, cum era masoreților se apropia de sfârșit, aceștia au adunat toate cercetările făcute de-a lungul secolelor într-un singur manuscris al Bibliei. În anul 920 d.Hr., un scrib pe nume Shlomo Ben Buya a redactat un manuscris în adevărata tradiție masoretică în orașul Tiberius, Israel. Manuscrisul este cunoscut sub numele de Codexul Aleppo.

În 1947, în zona Qumran din Israel au fost descoperite Manuscrisele de la Marea Moartă. Mai multe suluri datează din secolul al V-lea î.Hr. până în primul secol d.Hr. Istoricii sunt de părere că scribii evrei s-au îngrijit de acel loc pentru a păstra Cuvântul lui Dumnezeu și pentru a proteja scrierile în timpul distrugerii Ierusalimului în anul 70 d.Hr. Manuscrisele de la Marea Moartă includ aproape toate cărțile Vechiului Testament, iar comparațiile cu manuscrisele mai recente arată că acestea sunt practic identice. Principalele diferențe sunt ortografierea numelor unor persoane și alte diferențe nesemnificative. De exemplu, Manuscrisele de la Marea Moartă includ o carte completă a lui Isaia. Când învățații evrei au comparat Isaia 53 din Manuscrisele de la Marea Moartă cu Isaia 53 din textul masoretic, au găsit doar șaptesprezece litere care diferă, din cele 166 de cuvinte din capitol. Zece dintre aceste litere sunt diferențe minore de ortografie (de exemplu, „onoare" și „onor"), patru sunt diferențe stilistice (cum ar fi prezența unei conjuncții), iar celelalte trei litere reprezintă o ortografie diferită a cuvântului „lumină". Cu alte cuvinte, diferențele sunt complet neglijabile. Prin urmare, tragem concluzia că nu există discrepanțe serioase în textul pe care îl citim astăzi, ceea ce este uimitor!

R. Laird Harris, lider al bisericii, specializat în Vechiului Testament și fondator al Seminarului Teologic al Legământului, a scris o carte intitulată *Mă pot încrede în Biblia mea?* El a scris: „Acum putem fi siguri că copiștii au lucrat cu mare grijă și acuratețe la Vechiul Testament, încă din anul 225 î.Hr....Într-adevăr, doar un sceptic pripit ar nega acum faptul că noi avem Vechiul Testament într-o formă foarte apropiată de cea folosită de Ezra când îi învăța cuvântul Domnului pe cei care se întorseseră din captivitatea babiloniană."[9]

Alcătuirea Noului Testament a fost stabilită oficial în cadrul Sinodului de la Cartagina din anul 397 d.Hr. Cu toate acestea, cea mai mare parte a Noului Testament a fost acceptată ca oficială mult mai devreme. Prima colecție a Noului Testament a fost propusă de un bărbat pe nume Marcion în anul 140 d.Hr. Marcion era docetist. Docetismul este o doctrină conform căreia tot ce ține de spirit este bun și tot ce ține de materie este rău. Prin urmare, Marcion a exclus toate cărțile care-L descriau pe Isus și ca ființă divină, și ca ființă umană. De asemenea, el a modificat epistolele lui Pavel, astfel încât să reflecte propria sa filozofie.

A doua colecție propusă de cărți ale Noului Testament înregistrate a fost Canonul Muratorian, din anul 170 d.Hr. Aceasta includea toate cele patru evanghelii, treisprezece din epistolele lui Pavel, 1, 2 și 3 Ioan, Iuda și Apocalipsa și a fost ratificată de Sinodul de la Cartagina în anul 397 d.Hr. În Biblioteca Ambroziană din Milano, Italia, istoricul italian Antonio Ludovico

---

[9] R. Laird Harris, *Can I Trust My Bible?* (Chicago: Moody Press, 1963), 67-89.

Muratori a descoperit un manuscris autentic, care a fost publicat de acesta în anul 1740.

Cu toate acestea, istoria ne-a demonstrat că Noul Testament autentic pe care îl avem în Bibliile moderne a fost recunoscut mult mai devreme şi reflectă fidel ceea ce conţineau manuscrisele. De exemplu, în jurul anului 95 d.Hr., Clement din Roma cita din unsprezece cărţi ale Noului Testament. În jurul anului 107 d.Hr., Ignaţiu cita din aproape toate cărţile Noului Testament. În jurul anului 110 d.Hr., Policarp, un discipol al lui Ioan, cita din şaptesprezece cărţi ale Noului Testament. Cu ajutorul citatelor folosite de aceşti bărbaţi, putem pune cap la cap întregul Nou Testament, cu excepţia a aproximativ douăzeci şi cinci de versete, majoritatea din Ioan 3. Această dovadă atestă faptul că Noul Testament a fost recunoscut mult mai devreme decât Sinodul de la Cartagina şi că Noul Testament pe care îl avem astăzi este acelaşi cu cel ce a fost scris acum două mii de ani. Nu există niciun rival literar în lumea antică în ceea ce priveşte numărul de copii ale manuscriselor şi datarea timpurie a Noului Testament. Avem 5.300 de manuscrise greceşti ale Noului Testament şi zece mii de manuscrise latine. În plus faţă de acestea, există astăzi nouă mii de variate copii ale Noului Testament, care au fost scrise în limbile siriană, coptă, armeană, gotică şi etiopiană – dintre care unele datează aproape de traducerea originală a lui Ieronim din anul 384 d.Hr. De asemenea, avem peste 13.000 de exemplare ale unor părți ale Noului Testament care au supraviețuit până în zilele noastre și tot mai multe continuă să fie descoperite.

Codex Vaticanus este cel mai vechi manuscris existent al Bibliei grecești. Codexul a fost numit după locul în care este ținut, Biblioteca Vaticanului, unde este păstrat cel puțin din secolul al XV-lea. Este scris pe 759 de foi de vellum (piele de animal special pregătită, de obicei piele de vițel), cu litere unciale (un stil de caligrafie numit Scriptio Continua – scris fără spațiile obișnuite între cuvinte) și a fost datat paleografic (paleografia este studiul formelor antice de scriere în scopuri de datare) din secolul al IV-lea, din 300 d.Hr. până în 325 d.Hr..

Avem, de asemenea, Codex Sinaiticus, un manuscris alexandrin de tip text, scris cu litere unciale pe pergament, datat din secolul al IV-lea, din 330 d.Hr. până în 360 d.Hr. Se află în Biblioteca Britanică din Londra. Aceste două codice, Vaticanus și Sinaiticus, sunt două exemplare excepționale de pergament ale Noului Testament din secolul al IV-lea.

Încă și mai devreme, avem fragmente și copii de papirus ale unor părți ale Noului Testament care datează din 180-225 d.Hr. Două exemple remarcabile sunt Papirusul de la Chester Beatty și Papirusul Bodmer II, XIV, XV. Numai din aceste manuscrise putem alcătui toate cărțile Luca, Ioan, Romani, 1 și 2 Corinteni, Galateni, Efeseni, Filipeni, Coloseni, 1 și 2 Tesaloniceni,

Evrei și porțiuni din Matei, Marcu, Faptele Apostolilor și cartea Apocalipsei.

Papirusul Rylands, cunoscut sub numele de Papirusul Rylands P52, este cel mai vechi fragment pe care îl avem până în prezent. A fost găsit în Egipt și a fost datat paleografic din anul 130 d.Hr.. Această descoperire i-a forțat pe critici să plaseze a patra Evanghelie înapoi în primul secol, renunțând la afirmația lor anterioară că aceasta nu ar fi putut fi scrisă de apostolul Ioan. Papirusul Rylands este expus la Biblioteca Universității John Rylands din Manchester, Anglia. Acesta conținea următoarele versete din Ioan 18:

Pilat le-a spus: „Luați-L voi și judecați-L după Legea voastră." Iudeii au răspuns: „Nouă nu ne este îngăduit de Lege să omorâm pe nimeni." Aceasta s-a întâmplat ca să se împlinească vorba prin care arătase Isus cu ce moarte avea să moară. Pilat a intrat iarăși în odaia de judecată, a chemat pe Isus și I-a zis: „Ești Tu Împăratul iudeilor?" Isus i-a răspuns: „De la tine însuți zici lucrul acesta sau ți l-au spus alții despre Mine?" Pilat a răspuns: „Eu sunt iudeu? Neamul Tău și preoții cei mai de seamă Te-au dat în mâna mea. Ce ai făcut?" „Împărăția Mea nu este din lumea aceasta", a răspuns Isus. „Dacă ar fi Împărăția Mea din lumea aceasta, slujitorii Mei s-ar fi luptat ca să nu fiu dat în mâinile iudeilor, dar, acum, Împărăția Mea nu este de aici." „Atunci, un Împărat tot ești!" I-a zis Pilat. „Da", a răspuns Isus. „Eu sunt Împărat. Eu pentru aceasta

M-am născut și am venit în lume, ca să mărturisesc despre adevăr. Oricine este din adevăr ascultă glasul Meu." Pilat I-a zis: „Ce este adevărul?"

Aceste versete se întâmplă să fie unele dintre cele mai importante versete referitoare la adevărul despre Dumnezeu, Mesia, om, păcat și mântuire.

Istoriile lui Herodot este o lucrare fundamentală de istorie a lumii occidentale. Aceasta a ajutat la confirmarea informațiilor și la stabilirea stilului istoric occidental. După cum reiese din datele din tabelul de mai jos, originea evangheliei lui Ioan este mai credibilă și mai autentică decât cea a scrierilor lui Herodot.

Autorul și lucrarea	Evanghelia lui Ioan	Istoriile lui Herodot
Perioada în care a trăit autorul	10-100	cca. 485-425 î.Hr.
Perioada în care s-au produs evenimentele	27-30	546-478 î.Hr.
Perioada în care au fost scrise lucrările	90-100	425-420 î.Hr.
Cel mai vechi manuscris	130	900
Timpul scurs între eveniment și scrierea lucrării	<70 de ani	50-125 ani
Timpul scurs între eveniment și manuscris	<100 de ani	1400-1450 ani

Sir Frederic G. Kenyon, paleograf (expert în scrisul de mână antic), a scris o carte intitulată *Biblia și arheologia*, în care spunea: „Intervalul dintre datele compoziției originale și cele mai vechi dovezi existente devine atât de mic încât este, de fapt, neglijabil, iar ultima bază pentru orice îndoială că Scripturile au ajuns la noi, în principal, așa cum au fost scrise, a fost acum eliminată. Atât *autenticitatea*, cât și *integritatea generală* a cărților Noului Testament pot fi considerate ca definitiv confirmate."[10]

Brooke Foss Wescott, episcop britanic și cărturar biblic, și Fenton John Anthony Hort, teolog născut în Irlanda, au avut nevoie de douăzeci și opt de ani pentru a crea propria versiune a Noului Testament în greaca originală. Ei au afirmat: „Dacă trivialitățile comparative, cum ar fi modificările de ordine, inserarea sau omiterea articolului cu nume proprii și altele asemenea sunt lăsate deoparte, în opinia noastră, cuvintele care rămân încă sub semnul îndoielii cu greu se pot ridica la mai mult de o miime din Noul Testament."[11]

Cu alte cuvinte, micile schimbări și variații din manuscrise nu schimbă nicio doctrină majoră; ele nu afectează câtuși de puțin creștinismul. Mesajul este același cu sau fără variație. Avem Cuvântul lui Dumnezeu!

---

10 Sir Frederic G. Kenyon, *The Bible and Archaeology* (Londra: George G. Harrap & Co, 1940), 288-289.
11 Brooke Foss Wescott și Fenton John Anthony Hort, *The New Testament in the Original Greek* (New York: Harper & Brothers, 1881) 561.

Universul a avut un început. În schimb, multe mituri antice descriu universul ca fiind organizat din haosul existent, mai degrabă decât ca fiind creat. De exemplu, babilonienii credeau că zeii care au dat naștere universului proveneau din două oceane. Alte legende spun că universul a apărut dintr-un ou uriaș. Antagoniștii credinței, precum și comunitatea generală a celor care nu cred, ar vrea să ne facă să credem că nu există oameni de știință care cred în Dumnezeu. Ei spun că, în ochii științei, credința în Dumnezeu nu este necesară.

Codul lui Da Vinci este un roman scris de Dan Brown, care explorează o istorie religioasă alternativă. S-a vândut în optzeci de milioane de exemplare și a fost tradusă în patruzeci și patru de limbi. În *Codul lui Da Vinci* „expertul" narațiunii afirmă: „Biblia nu a venit prin fax din cer...Biblia este scrisă de om, draga mea. Nu de Dumnezeu. Biblia nu a căzut miraculos din cer. Este opera omului, o istorie a vremurilor tumultoase, și a suferit transformări în urma a numeroase traduceri, completări și revizuiri. Nu există în istorie o versiune definitivă a acestei cărți."[12] Din fericire, acest comentariu se face într-o operă de ficțiune – acolo unde îi este locul.

Oamenii de știință laici adesea îi privesc de sus pe cei ce cred în Dumnezeu, în minuni, în creație etc. și invocă presupuse adevăruri științifice pentru a contesta credința noastră în realitatea existenței lui

---
12   Dan Brown, *The Da Vinci Code* (New York: Doubleday, 2003), 231.

Dumnezeu. Însă nu toți oamenii de știință resping existența lui Dumnezeu. În comunitatea științifică au existat întotdeauna și cei în viețile cărora credința în Dumnezeu le-a fost fundația, chiar dacă făceau cercetări și descoperiri științifice. Iată mai jos câteva din numeroasele exemple:

Francis Bacon (1561-1626). Bacon este, de obicei, considerat omul asociat în primul rând cu așa-numita „metodă științifică". Metoda științifică pune accent pe observare și verificare, mai degrabă decât pe ipoteza filosofică (formarea unei opinii sau a unei teorii fără dovezi). Bacon credea că Dumnezeu ne-a dat două cărți de studiat: Biblia și natura.

Johann Kepler (1571-1630). Johann Kepler este considerat de mulți fondatorul astronomiei fizice. El a descoperit legile mișcării planetare și a stabilit disciplina mecanicii cerești. Printre contribuțiile sale științifice se numără demonstrarea concludentă a heliocentricității sistemului solar (soarele ca centrul sistemului), elaborarea unei metode de cartografiere a mișcării stelelor și contribuția la dezvoltarea calculului. Kepler era creștin și studia la seminar, dar, urmând călăuzirea lui Dumnezeu, a ajuns să predea astronomia. Lui Kepler îi aparțin cuvintele și ideea că cercetarea și descoperirea „sunt gândurile lui Dumnezeu după El", un motto adoptat de mulți oameni de știință creștini de mai târziu.

Blaise Pascal (1623-1662). Unul dintre cei mai mari filozofi, Pascal este considerat părintele științei hidrostaticii – studiul presiunii pe care fluidele o exercită asupra altor obiecte. Pascal a avut mult de-a face cu dezvoltarea calculului și a teoriei probabilităților, precum și cu inventarea barometrului. Cu toate acestea, el a fost un om profund religios, care reflecta și a scris mult despre credința sa. Probabil este cel mai bine cunoscut pentru ceea ce creștinii numesc „pariul lui Pascal", care, în esență, pune întrebarea de ce ar risca cineva să trăiască ca și cum Dumnezeu nu ar exista.

Isaac Newton (1642-1727). Cine nu a auzit de Sir Isaac Newton? El este recunoscut pentru descoperirea legii gravitației universale și a celor trei legi ale mișcării universale și pentru perfecționarea calculului ca ramură cuprinzătoare a matematicii. Newton a fost creștin încă de mic, iar mai târziu a scris mult combătând ateismul și apărând credința creștină. Newton era de părere că Biblia se confirmă singură, mai bine decât orice alt document istoric scris vreodată.

Samuel F. B. Morse (1791-1872). Probabil de Morse ne amintim cel mai bine pentru că a inventat telegraful. Însă tot el a inventat și primul aparat foto din America, realizând primul portret fotografic. Morse era un om profund credincios lui Dumnezeu. Primul mesaj pe care l-a trimis cu ajutorul telegrafului pe care tocmai îl inventase a fost: „Ce lucruri mari a făcut Dumnezeu!" (citat din Numeri 23:23). El și-a dedicat viața iubirii și slujirii lui Dumnezeu. Cu puțin timp înainte de a muri, Morse a scris următoarele cuvinte: „Cu cât mă apropii de sfârșitul pelerinajului meu, cu atât mai clară este certitudinea originii divine a Bibliei, iar grandoarea și sublimul salvării de către Dumnezeu a omului căzut sunt și mai apreciate, iar viitorul se luminează cu speranță și bucurie."[13]

Louis Pasteur (1822-1895). Pasteur a fot un gigant al medicinei și a avut un rol esențial în dezvoltarea teoriei germenilor bolilor, pe lângă alte contribuții importante în domeniul chimiei și al fizicii. Prin cercetările sale, a contribuit la dezvoltarea vaccinurilor împotriva a numeroase boli. Pasteur a contribuit la demontarea teoriei evoluționiste conform căreia viața a apărut în mod spontan. Pasteur a mai aflat, la fel cum alții află astăzi, și că atunci când cineva își proclamă tare și sus convingerea în creația biblică, pornesc la atac oamenii de știință naturaliști laici.

---

13   Ray Comfort, *Scientific Facts in the Bible* (Newberry, Florida: Bridge-Logos Publishers, 2001), 50.

William Thompson, Lord Kelvin (1824-1907). Kelvin a inventat scara temperaturilor absolute. Astfel de temperaturi astăzi se măsoară în „grade Kelvin". Tot Lord Kelvin a stabilit și termodinamica ca disciplină științifică formală și a formulat prima și a doua lege într-o terminologie precisă. Kelvin credea că știința confirmă realitatea creației. El a fost un creștin devotat și smerit, chiar dacă se angaja agresiv în controverse pe marginea vârstei Pământului, negând darwinismul și susținând creația.

Wernher von Braun (1912-1977). Înainte de a migra în America, Von Braun a avut o contribuție esențială la dezvoltarea rachetei germane V-2. Înainte de a deveni directorul NASA, el a condus proiectul de dezvoltare a rachetelor ghidate ale S.U.A. Legat de subiectul zborurilor în spațiu, acesta a scris odată: „O simplă privire, prin fereastra de control, asupra imenselor mistere ale universului nu trebuie decât să ne întărească credința în certitudinea existenței Creatorului său."[14]

Francis Collins (1950-prezent). Director al Proiectului Genomul uman, el și-a afirmat public credința în Dumnezeu. Collins a exprimat minunea spirituală a cercetării științifice cu următoarele cuvinte: „Când descoperim ceva nou despre genomul uman, mă încearcă un sentiment de uimire și admirație, căci

---

14 Wernher von Braun, „My Faith" *American Weekly*, 10 februarie 1963.

realizez faptul că acum omenirea știe ceva ce numai Dumnezeu știa înainte."[15]

V-am adus câteva dovezi esențiale interne, externe și bibliografice pentru a arăta că ne putem încrede cu adevărat în Biblie că este autentică. Manuscrisele în limbile ebraică și greacă, cu toate că sunt copii, s-au păstrat în mod providențial, iar traducerile disponibile sunt lipsite de prejudecăți teologice. Prin urmare, putem avea încredere că Biblia pe care o citim astăzi conține Scripturile așa cum au fost acestea scrise inițial și că pot fi citite fără teama că au fost modificate pentru a susține o anumită biserică sau doctrină. Biblia a fost inspirată de Dumnezeu și conține cărțile care ne servesc drept sursă de încredere.

Biblia ne spune că oamenii fie mor în păcat (Ioan 8:24), fie mor în Domnul (Apocalipsa 14:13). Nu contează cel mai mult cum moare cineva sau când moare. Contează cel mai mult următorul lucru: vei muri în păcat sau vei muri în Domnul?

---

15 Mark O'Keefe, „Some on Shuttle Crew Saw God's Face in Universe" *Washington Post*, 8 februarie 2003.

CE ÎNSEAMNĂ SĂ MORI ÎN PĂCAT?

„*Eu sunt lumina lumii; cine Mă urmează pe Mine nu va umbla în întuneric, ci va avea lumina vieții.*" (Ioan 8:12). *Isus le-a vorbit din nou și le-a zis: Eu sunt lumina lumii*. Îl avem pe Dumnezeu căruia să-I mulțumim în viețile noastre și pentru tot ce este bun în lume. Fără El, nu avem lumină, nu avem iubire, nu avem speranță, nu avem pace și nu avem bucurie. Dacă Îl scoatem pe El din tablou, totul devine întuneric. Apoi Isus le-a spus: *...cine Mă urmează pe Mine nu va umbla în întuneric*. Imaginați-vă că ne aflăm toți într-un tunel întunecat. Isus are o sursă de lumină și vine înspre noi, prin tunel. Dacă mergem alături de El, mergem în lumina Sa. Însă dacă refuzăm să-L urmăm și alegem să mergem în cealaltă direcție, ne îndepărtăm de lumina Lui și, la final, rămânem în întuneric.

Acest lucru este adevărat în această viață și, desigur, și în viața viitoare. Dincolo de această lume, există un loc în care se află Isus. Pentru că El se află în ea, este o lume plină de lumină, pace și bucurie. Însă, tot dincolo de această lume, mai există un alt loc, în care nu Se află Isus. Pentru că El nu Se află în ea, este o lume de întuneric și ură, de neliniște și tristețe.

Când Isus a spus: *„Eu sunt lumina lumii; cine Mă urmează pe Mine nu va umbla în întuneric, ci va avea lumina vieții."*, a devenit imediat clar că cei cărora Se adresa nu erau cu El.

Aceștia încercau să arate că nu avea dreptul să vorbească așa: „Tu mărturisești despre Tine Însuți", au spus ei. Sau cum ar spune oamenii astăzi: „Asta e părerea Ta!" Discuția apare în Ioan 8:13-20 și seamănă mult cu ce s-ar discuta în zilele noastre.

Însă rămâne faptul că nu ne putem autoinvita în rai. Isus a spus: *„Eu Mă duc și Mă veți căuta și veți muri în păcatul vostru; acolo unde Mă duc Eu, voi nu puteți veni."* (Ioan 8:21).

Liderii religioși erau siguri că se duc în rai (cum sunt siguri majoritatea americanilor astăzi), prin urmare spuneau: „Ne ducem în rai. Dacă noi nu ne putem duce unde se duce El, înseamnă că Se duce în altă parte; poate că Se omoară."

Astfel, Isus le spune: *„Voi sunteți de jos, Eu sunt de sus. Voi sunteți din lumea aceasta, Eu nu sunt din lumea aceasta."* (Ioan 8:23). El spune: „Pământul este casa voastră. Locul vostru nu este în rai. Raiul este casa Mea. Locul Meu nu este aici pe Pământ." Între noi şi Isus este o diferenţă de la cer la pământ. Raiul nu ne aparţine.

Haideţi să ne imaginăm cum vă bate cineva la uşă, iar când deschideţi uşa, aveţi în faţă un străin. O persoană pe care nu aţi mai văzut-o niciodată. Înainte să apucaţi să spuneţi ceva, acesta împinge uşa, trece pe lângă dumneavoastră, se duce sus pe scări şi începe să-şi despacheteze lucrurile într-unul din dormitoare.

Dumneavoastră îl întrebaţi: „Ce crezi că faci?"

Aceasta spune: „Este o casă frumoasă şi m-am decis să locuiesc aici."

Dumneavoastră, complet înmărmuriţi, spuneţi: „Scuză-mă, însă aceasta este casa mea. Dacă nu pleci acum, chem poliţia."

Dacă mă invitaţi acasă la dumneavoastră, pot sta acolo ca invitat, însă nu am dreptul să stau în casa dumneavoastră, dacă nu mă invitaţi. Ţine în totalitate de invitaţia dumneavoastră. Iar dacă stau în ea vreun pic, stau pentru că aşa vreţi dumneavoastră. Raiul este casa lui Isus, iar noi nu avem dreptul la aceasta. Noi suntem de jos. Locul nostru nu este acolo.

Isus a spus: *„De aceea v-am spus că veţi muri în păcatele voastre, căci, dacă nu credeţi că Eu sunt, veţi muri în păcatele voastre."* (Ioan 8:24) Să mori în păcat înseamnă să iei cu tine păcatele când mori. Haideţi să ne gândim la o persoană care trece din viaţă în moarte. Nu ştie ce i se întâmplă. Merge înainte. Iese din trup. Nu are cuvânt de spus în ce se întâmplă. Ştie că nu se poate întoarce înapoi. Moare în păcatele sale. Are sentimentul groaznic că este vinovată. Dintr-odată, îi trece prin fața ochilor toată viața și vede lucrurile exact așa cum sunt – și nimic nu e bine. Toată viața, și-a înăbușit conștiința, nu a ascultat-o și a redus-o la tăcere. Dintr-odată aceasta se face auzită, iar persoanei respective i se întoarce stomacul pe dos, simțindu-se condamnată. Dar și mai rău este faptul că persoana respectivă este vinovată în ochii lui Dumnezeu și blestemată de Dumnezeu pentru păcat. Acum vede toate acestea. Nu văzuse aceste lucruri înainte, însă acum toate îi sunt clare.

Așa cum spunea David Martyn Lloyd-Jones,

> poruncile pe care le-a înăbușit și le-a redus la tăcere încep să se facă auzite: să nu ucizi, să nu furi, să nu curvești, să nu iei numele lui Dumnezeu în deșert, să-L iubești pe Domnul Dumnezeul tău și doar Lui să te închini – iar toate aceste lucruri el nu le-a făcut! A murit și-și amintește acum de toate. El moare în păcatele sale, înconjurat de ele, în tovărășia lor. Aceasta este starea în care se află. Și-și aruncă o privire la viitor și vede frânturi de iad și chinuri și durere. Îl năpădește remușcarea și se simte dezgustat de lucrurile pe care le-a făcut. Se urăște și simte că s-a comportat ca un

nebun. Şi-a trăit viaţa fără să se gândească la acest aspect – cel mai important şi esenţial aspect! Iese din prezent şi intră într-un viitor necunoscut. Şi nu ştie, nu înţelege. Nimic din lucrurile pentru care a trăit nu îl ajută, iar în faţă îi apar lucruri groaznice. Şi cred că, tot atunci, i se oferă şansa să vadă cum arată raiul şi slava, dar îşi dă seama că nu este demn de ele. Acesta este curat, este pur, este plin de lumină, este plin de sfinţenie şi ştie că nu poate fi fericit acolo. El nu s-a gândit niciodată prea mult la aceste lucruri. El a trăit exact invers. Şi apare Dumnezeu în slava Sa, şi toată curăţenia, şi toată închinarea. Nu-l interesează. Nu l-au interesat niciodată şi vede că totul este minunat şi sublim, însă el nu este demn de acestea. El nu poate intra acolo.[16]

Nimic nu este mai groaznic decât să mori în păcatele tale.

În Biblie, expresia *să mori în păcatele tale* sau alte expresii asemănătoare apare de trei ori: în Ezechiel 3:20, în Ioan 8:21 şi în Ioan 8:24.

---

16 David Martyn Lloyd-Jones, „Two Ways of Dying" (Două moduri de a muri – n.trad.) https://www.mljtrust.org/sermons/book-of-john/two-ways-of-dying/.

În Ezechiel 3:20 ni se spune: „*Dacă un om neprihănit se va abate de la neprihănirea lui și va face ce este rău, îi voi pune un laț înainte și va muri. Dacă nu l-ai înștiințat, va muri prin păcatul lui și nu i se va mai pomeni neprihănirea în care a trăit, dar voi cere sângele lui din mâna ta.*"

Ezechiel fusese pus străjer de Dumnezeu. Trebuia să transmită Cuvântul lui Dumnezeu și să-i atenționeze pe oameni. Profetul fusese avertizat că, dacă nu sună din trâmbiță, dacă nu-i înștiințează pe oameni cu privire la judecata viitoare, atunci Dumnezeu va cere sângele lor din mâna lui (Ezechiel 33:7-9). Munca desfășurată de profet în Vechiul Testament era una de temut, care presupunea extrem de multă răspundere. Era un mandat pe care nu-l voia nimeni. Presupunea și o viață singuratică. Profetul era, de obicei, tipul pesimist, care murea, în general, de o moarte groaznică, cum a fost cazul profetului Isaia, care a fost tăiat în două, sau al profetului Zaharia, care a fost ucis cu pietre, sau al profetului Amos, care a fost bătut mortal cu ciomagul – toți victimele propriului lor popor! De ce așa? Răspunsul este simplu: cei mai mulți dintre oameni nu vor să audă adevărul. Ah, este posibil să spună că vor să li se spună adevărul, însă nu-l suportă. Astăzi, emisiunile de tip reality show sunt atât de populare, cu toate acestea, în viața reală, adevărul nu prea este primit bine.

CE ÎNSEAMNĂ SĂ MORI ÎN PĂCAT?

Isus le-a mai spus: „Eu Mă duc, și Mă veți căuta și veți muri în păcatul vostru; acolo unde Mă duc Eu, voi nu puteți veni." ... „De aceea v-am spus că veți muri în păcatele voastre, căci, dacă nu credeți că Eu sunt, veți muri în păcatele voastre."
(Ioan 8:21, 24).

Din aceste versete, se pare că expresia *să mori în păcat* înseamnă că, atunci când moare fizic, persoana respectivă rămâne cu toate păcatele pe care le-a săvârșit, dar și cu consecințele și pedeapsa cuvenită pentru păcat. Rezultatul este că persoana respectivă va primi pedeapsa eternă. Moartea fizică separă sufletul de corp; moartea spirituală desparte sufletul de Dumnezeu.

Păcatul înseamnă încălcarea legilor lui Dumnezeu (1 Ioan 3:4) și el ne desparte de Dumnezeu (Isaia 59:2). Lucru destul de trist, toți cei care nu cred în jerta lui Hristos vor muri în păcatele lor. Spun „destul de trist" pentru că lucrurile nu trebuie să stea așa. Nu trebuie să rămână cu păcatele lor, care să le fie imputate. Observăm că nu se spune că aceste persoane vor muri *de* păcatele lor, ci mai degrabă *în* ele. Vor rămâne cu păcatele lor. Nu vor fi niciodată eliberate de ele și nu vor avea niciodată viața veșnică. Mie acest lucru îmi sfâșie inima – mai ales când poate fi evitat.

În Ioan 8:21, cuvântul *păcat* este la singular, sugerând din context că vor muri cu vina de a-L fi respins pe Isus. Aceste persoane nu vor avea voie pe vecie să intre în rai, unde Se duce Domnul. Este un adevăr grav! Cei care refuză să-L primească pe Isus ca Mântuitor și Domn nu vor putea spera la rai. Cât de groaznic să mori în păcat – Fără Dumnezeu, fără Hristos și fără vreo speranță de acum înainte pentru totdeauna!

În Ioan 8:24, cuvântul *păcate* este la plural. Acesta sugerează că cei nemântuiți vor muri cu toate păcatele lor, nu doar cu cel de a-L fi respins pe Isus. Este logic să spunem că prin păcatul de a nu-L primi pe Isus, rămân și toate celelalte păcate.

Păcatul este o problemă legală. Pentru că păcatul înseamnă încălcarea legii lui Dumnezeu (1 Ioan 3:4), când păcătuim ne atragem consecințele conform legii. Isus nu a încălcat niciodată legea (1 Petru 2:22). Păcatul nostru a fost luat (preluat legal) de El pe cruce (1 Petru 2:24). Pentru că pedeapsa pentru păcat este moartea (Romani 6:23) și pentru că Isus a murit cu acele păcate, astfel respectând cerințele legii, aspectul legal al pedepsei pentru păcat este rezolvat prin jerta lui Hristos. De aceea El a putut spune *S-a isprăvit!* (Ioan 19:30). Toți cei care primesc jerta lui Hristos prin credință vor fi considerați neprihăniți prin faptul că au crezut (Romani 5:1). Neprihănirea este o confirmare legală de neprihănire în fața lui Dumnezeu. Prin urmare, când cei care au crezut în Isus mor, ei nu mor împreună cu păcatele lor. Ei mor fără consecințele legale ale păcatului lor. Însă toți cei care nu s-au încrezut în Isus cu credință vor rămâne cu consecințele legale ale păcatului lor și vor suferi pedeapsa cuvenită, conform legii.

Veți muri în păcatul vostru (Ioan 8:21). Singular. Un păcat. Care este acel păcat? Care este păcatul în care riscă să moară acești oameni? „*De aceea v-am spus că veți muri în păcatele voastre, căci, dacă nu credeți că Eu sunt, veți muri în păcatele voastre.*" [plural] (Ioan 8:24). *Dacă nu credeți că EU SUNT [cine spun că sunt].* Necredința în Isus Hristos este păcatul care face să pleci în moarte cu toate celelalte păcateface să iei toate celelalte păcate. Dacă nu crezi, vei muri în păcatele tale. Dacă alegi să faci opusul, ai speranța Evangheliei. Necredința în Isus Hristos te va face să mori în păcatele tale, însă dacă crezi că Isus este Mesia, nu vei muri în păcatele tale.

De ce este așa de important să credem în Isus? Pentru că credința este elementul de legătură al unei uniuni vii, în cadrul căreia te dărui lui Hristos, iar Hristos ți se dăruie. Hristos devine Mântuitorul și prietenul tău. Hristos devine Domnul și Stăpânul tău, iar când ajungi să-I aparții, casa Sa este și casa ta.

Ba mai mult! Isus a dus o viață fără păcat. El este singurul care a reușit vreodată acest lucru sau care ar reuși vreodată așa ceva. El a trăit și a murit fără păcat. Biblia ne spune că *El a purtat păcatele noastre în trupul*

Său pe lemn (1 Petru 2:24). *[...], dar Domnul a făcut să cadă asupra Lui nelegiuirea noastră a tuturor.* (Isaia 53:6)

Lucrul extraordinar care este adevărat pentru oricine are credință în Isus Hristos este că Hristos ne-a luat păcatele când a murit, astfel încât noi să nu mai murim cu ele. Credeți în Domnul Isus Hristos, primiți-L cu brațele deschise, deschideți-I ușa și urmați-L (supunându-vă voinței Lui) – și nu veți muri în păcatele voastre. Veți muri în Domnul! *„[...] ferice de acum încolo de morții care mor în Domnul!"* (Apocalipsa 14:13). Se poate muri de sete, însă nu trebuie să mori însetat.

Ce îi poți spune unui prieten sau unei persoane dragi, care nu este credincios declarat și care se apropie de moarte? Eu chiar am avut această experiență recent. Aveam un prieten, cel mai bun prieten, pe care-l cunoșteam de peste 30 de ani. Ne cunoscusem la o sală de sport, unde eu lucram ca să mai câștig ceva peste salariul meu de la biserică. Cu toate că prietenul era un strălucit medic chirurg, iar eu doar antrenor personal, am ajuns să ne respectăm reciproc foarte mult și am devenit și buni prieteni. Cuvintele nu sunt suficiente să vă spun cum îl văd pe prietenul meu drag, însă dacă ar trebui să recurg la cuvinte ca să-l descriu, printre acestea s-ar număra iubitor, atent, generos, deștept, vesel, grijuliu, ospitalier, amuzant și plin de compasiune. Cu toate acestea, tindem să uităm că a fost păcătos și, ca noi toți, nu a reușit să respecte cerința sfântă a lui Dumnezeu, care să-i permită să fie cu El pe veci.

După ce ne-am mutat în Georgia, acum 20 de ani, unde voiam să punem bazele unei adunări, îmi vizitam prietenul pe tot parcursul anului, revenind des în Florida, unde petreceam câte o săptămână cu el. Abia aşteptam să-l revăd. Fusese binecuvântat cu o sănătate bună şi de aceea diagnosticul de cancer a fost un şoc. A venit total pe neaşteptate. Într-o zi s-a trezit cu dureri anormale. Testele au arătat că avea mai multe tumori în tot corpul. Nu vreau să spun că Evanghelia are ceva de-a face cu Frank Sinatra, însă versul din cântecul său „That's Life" (Aşa e viaţa – n. trad.) chiar se potriveşte aici: „În luna aprilie zbori pe culmi înalte, iar în luna mai cazi împuşcat." M-am dus imediat să-l văd, căci aveam sentimentul puternic că va muri din cauza acestei boli.

Cu toate că avea multe calităţi, rămânea realitatea că era păcătos, ca noi toţi, şi avea nevoie cu disperare de un Mântuitor. Efectiv îi mărturisisem credinţa timp de 30 de ani. În ultima zi în care eram cu el în spital, plângeam lângă patul lui, pentru că, deşi mă rugam neîncetat, simţeam puternic că era ultima dată când aveam să ne mai vorbim în această viaţă. El nu putea vorbi prea mult, însă mă putea auzi şi putea înţelege. Printre lacrimi, i-am spus că aş fi dispus să mă târăsc în patru labe peste bucăţele de sticlă spartă, doar ca să-l aud cum Îi cere iertare lui Dumnezeu pentru păcatele sale şi cum Îl primeşte pe Isus ca Domn şi Mântuitor. I-am spus că aceasta este singura cale spre rai şi că voiam să fiu sigur că îl voi revedea. L-am implorat să nu moară în păcatele sale. Sunt peste măsură de încântat să vă spun că el L-a primit pe Isus ca Domn şi Mântuitor. Biblia ne spune că dacă mărturisim cu gura şi credem în inimile noastre că Isus este Domnul, vom fi mântuiţi (Romani 10:9).

Adevărul este că în viaţă lucrurile se întâmplă şi prin alegerea noastră, şi fără alegerea noastră. Spre exemplu, faptul că ne naştem nu ţine de alegerea noastră. Moartea nu ţine de alegerea noastră. Învierea din morţi nu ţine nici ea de alegerea noastră. Însă ţine de alegerea noastră unde ajungem la final. Biblia ne spune că în ziua din urmă toţi vom fi înviaţi. Unii vor fi înviaţi pentru judecata finală, iar alţii pentru o binecuvântare eternă. Nu avem decât două - doar două – opţiuni.

Astăzi oamenii nu caută decât să rămână tineri şi să-şi păstreze tinereţea. Suntem obsedaţi să arătăm bine. Se spune că vârsta de 60 de ani de acum este ce era odată vârsta de 40 de ani. Eu spun că cei ce spun asta nu fac bine socotelile. Cu toate că fac exerciţii fizice şi încerc să mănânc bine, corpul meu – inclusiv ochii – trăiesc de peste 60 de ani. Recent, mi-am făcut un control la ochi – nu-l făcusem de foarte mult timp. Prin urmare, nu am fost surprins când mi s-a spus că am nevoie de ochelari de citit. Însă am fost surprins când mi s-a spus să aleg rama pentru lentile. Am căutat şi, spre uimirea mea, am văzut că erau sute de rame din care eu să aleg. Nu-mi place să fac astfel de alegeri. Eu mi-aș dori să am în față doar două opțiuni – o ramă neagră și o ramă albă. De aceea îmi place Biblia atât de mult. Dumnezeu a făcut-o atât de simplă! Îl avem pe Dumnezeu și pe Satan. Avem neprihănirea și lipsa neprihănirii sau drept și nedrept. Avem calea strâmtă, care duce la viață, și calea largă, care duce la moarte. Avem rai și iad. Avem de ales simplu între ramele albe și ramele negre.

Vă implor să vă gândiți la destinația finală și la mântuire sau la lipsa acestora. În urmă cu 3000 de ani, Biblia ne spune că omul trăia 70 sau poate 80 de ani (Psalmul 90:10) și că *după aceea vine judecata* (Evrei 9:27). Raportat la eternitate, 70 – 80 de ani sunt o clipită. Biblia ne spune că o zi este ca o mie de ani pentru Domnul și 1000 de ani sunt ca o zi (2 Petru 3:8). Deci dacă este să folosim o simplă ecuație algebrică, viețile noastre sunt ca o oră și jumătate, raportat la eternitate.

Iată cum stau lucrurile: dacă nu v-ați pocăit niciodată pentru păcatele dumneavoastră și nu L-ați primit niciodată pe Isus pentru a vă fi iertate păcatele, atunci mă rog ca astăzi să fie ziua mântuirii dumneavoastră.

Isus a spus: „*Eu sunt Lumina lumii; cine Mă urmează pe Mine nu va umbla în întuneric, ci va avea lumina vieții.*" (Ioan 8:12).

Există o lume foarte întunecată, pentru că în ea nu se află Isus. Mai există o altă lume plină de iubire, pace și bucurie, pentru că Isus este lumina acelei lumi. Isus a murit pentru păcătoși ca dumneavoastră și ca mine.

Cereți-I să-I fie milă de dumneavoastră! Cereți-I să vă ierte și să vă curețe. Isus a murit și a luat cu El păcatele altora, astfel încât dumneavoastră să nu trebuiască să muriți cu ele.

Dar dumneavoastră, astăzi? Îl urmați pe Isus? Credeți că El este Mesia, Mântuitorul lumii?

Haideți să presupunem că mor două persoane de atac de cord: una moare în păcatele sale, iar cealaltă moare în Domnul. Dumneavoastră care veți fi? Două femei mor în accidente de mașină: una moare în păcatele ei, iar cealalată moare în Domnul. Dumneavoastră care veți fi? Dacă ar fi să muriți în această seară, ați muri în păcatele dumneavoastră sau ați muri în Domnul?

TÂLHARUL DE PE CRUCE

Doi bărbați, ambii făcători de rele, au fost duși să fie executați împreună cu Isus. Când au ajuns la un loc numit Căpățâna, Isus a fost răstignit pe cruce. Și cei doi răufăcători au fost răstigniți – unul la dreapta, iar altul la stânga Lui. Isus a spus: *„Tată, iartă-i, căci nu știu ce fac!"* (Luca 23:34). Soldații și-au împărțit hainele Lui între ei trăgând la sorți.

Norodul stătea acolo și privea. Fruntașii își băteau joc de Isus și ziceau: *„Pe alții i-a mântuit; să Se mântuiască pe Sine Însuși dacă este El Hristosul, Alesul lui Dumnezeu."* (Luca 23:35). Ostașii, de asemenea, își băteau joc de El; se apropiau, Îi dădeau oțet și-I ziceau: *„Dacă ești Tu Împăratul iudeilor, mântuiește-Te pe Tine Însuți!"* (Luca 23:37). Deasupra Lui era scris: *„Acesta este Împăratul iudeilor."* (Luca 23:38).

Unul din tâlharii răstigniți Îl batjocorea și zicea: *„Nu ești Tu Hristosul? Mântuiește-Te pe Tine Însuți și* *mântuiește-ne și pe noi!"* (Luca 23:39). Dar celălalt l-a înfruntat și i-a zis: *"Nu te temi tu de Dumnezeu, tu, care ești sub aceeași osândă? Pentru noi este drept, căci primim răsplata cuvenită pentru fărădelegile noastre, dar Omul acesta n-a făcut niciun rău."* Și a zis lui Isus: *"Doamne, adu-Ți aminte de mine când vei veni în Împărăția Ta!"* (Luca 23:40-42).

Isus a răspuns: "Adevărat îți spun că astăzi vei fi cu Mine în rai." (Luca 23:43)

Crucea este locul unde iubirea și dreptatea s-au întâlnit – unde omenirea a fost judecată și găsită imperfectă. Pe cruce Isus a atârnat cu brațele întinse, suferind pentru întoarcerea lumii risipitoare. De fiecare parte a Sa, atârna câte un tâlhar, zbătându-se între viață și moarte, între iad și rai – până când unul dintre ei spune: *"Doamne, adu-Ți aminte de mine când vei veni în Împărăția Ta!"*

Chestia ciudată este că acestea au fost ultimele cuvinte pe care le-a auzit Isus înainte să moară. Nu erau cuvintele unui lider religios sau ale unuia dintre ucenicii Săi, ci ale unui răufăcător de rând. Cuvintele acestea au o conotație și spun: "Nu mă uita" și implicit înseamnă "Ia-mă cu Tine unde mergi Tu." Prin cuvintele *"Adevărat îți spun că astăzi vei fi cu Mine în rai.",* tâlharul de rând a fost luat de pe cruce și dus în brațele Mântuitorului.

Nu știm multe despre tâlhar. Știm, din cele spuse de Matei, că acesta râdea de Isus, împreună cu mulțimea:

Preoţii cei mai de seamă, împreună cu cărturarii şi bătrânii, îşi băteau şi ei joc de El şi ziceau: „Pe alţii i-a mântuit, iar pe Sine nu Se poate mântui! Dacă este El Împăratul lui Israel, să Se coboare acum de pe cruce şi vom crede în El! S-a încrezut în Dumnezeu: să-L scape acum Dumnezeu, dacă-L iubeşte. Căci a zis: 'Eu sunt Fiul lui Dumnezeu!'" Tâlharii care erau răstigniţi împreună cu El Îi aruncau aceleaşi cuvinte de batjocură. (Matei 27:41-44)

Iată întrebarea de 64.000 de dolari: Ce anume l-a făcut pe tâlharul acela să-I ia apărarea lui Isus şi să aibă smerenia de a I se supune? A văzut ceva ce nu mai văzuse până atunci şi de care nici măcar nu auzise până atunci. Când L-au insultat pe Isus, Acesta nu le-a răspuns. Când a suferit, Isus nu a adus ameninţări. În schimb, S-a lăsat în mâinile lui Dumnezeu, care judecă lucrurile corect. Încercat de cea mai groaznică durere cunoscută de om şi suferind pentru păcatele altora, El a apelat la cea mai înaltă curte de judecată din ceruri şi a spus: *„Tată, iartă-i, căci nu ştiu ce fac!"* (Luca 23:34).

Tâlharul a fost practic copleşit. A întors capul înspre Isus şi bănuiesc că s-au privit direct în ochi. Probabil s-a simţit ca şi cum Isus vedea până în străfundul sufletului său. Probabil simţea că Isus îl cunoştea mai bine decât se cunoştea el însuşi şi că nimic nu mai era ascuns. În acea clipă, timpul a încremenit. În privirea lui Isus, tâlharul nu a văzut ură, dispreţ sau judecată. A văzut un singur lucru: iertare. În acel moment, răufăcătorul şi-a dat seama că Isus nu era un om obişnuit.

Tâlharul nu știa multe despre teologie. Însă știa că Isus era Împărat, că împărăția Sa nu era din această lume și că acest Împărat avea puterea să primească în Împărăția Sa chiar și pe cele mai nedemne persoane. Într-o singură clipă de apropiere de Mântuitor a fost ștearsă o viață întreagă de imoralitate.

Este uimitor dacă ne gândim. Batjocorit umilitor de mulțime și încercat de durerea îngrozitoare a răstignirii, Isus nu-Și pierde din vedere misiunea de a-i găsi și a-i mântui pe cei pierduți (Luca 19:10). Vestea bună este că și astăzi Isus nu-Și pierde din vedere misiunea. La fel ca tâlharul, noi toți am furat mult. Când am ridicat glasul supărați, i-am furat liniștea altei persoane. Când avem gânduri imorale, știrbim demnitatea cuiva. Când am rănit sentimentele cuiva, i-am luat acelei persoane stima de sine. Când am spus adevărul lipsit de dragoste, este posibil să fi furat din Împărăție, îndepărtând un suflet de porțile raiului.

Noi toți stăm în fața Domnului cu tâlhăria la vedere. Cu toții suntem vinovați. Dacă nu ați făcut deja asta, mărturisiți-I aceste lucruri Singurului care poate face față tuturor acestor lucruri. De ce să muriți în păcate? Lăsați-L să vă aducă într-o stare spirituală de curăție și umpleți-vă de putere de sus – putere care nu doar că vă poate schimba inima, dar care poate schimba până și lumea. Cereți-I Domnului Isus să-Și amintească de dumneavoastră și veți fi și dumneavoastră cu El în rai.

NU TREBUIE SĂ MORI ÎN PĂCAT

Dumnezeu este pe deplin bun, pe deplin iubitor, pe deplin frumos și pe deplin adevărat–iar aceste caracteristici se revarsă încontinuu din El. Iubirea, slava, bunătatea și frumusețea Domnului au fost atât de îmbelșugate, încât s-au revărsat din El când a creat o lume bună și frumoasă. Dumnezeu a creat această lume splendidă și, ca o încununare de slavă a creației Sale bune, El i-a făcut pe oameni după chipul Său, pentru ca aceștia să se bucure și ei de iubirea, slava și bunătatea Lui.

Când Dumnezeu a creat oamenii, El le-a dat și posibilitatea de a alege liber, pentru că dragostea lasă persoanei iubite posibilitatea de a alege. Doar roboții, computerele și mașinile nu pot face alegeri. Dumnezeu ne-a dat posibilitatea de a alege fie să-I primim dragostea și să trăim în ea, fie să o respingem. Prin oferirea posibilității de a alege liber, oamenii au primit șansa de a face alegeri cu demnitate, iar chipul lui Dumnezeu s-a reflectat astfel în ei. După ce Dumnezeu i-a făcut pe primii oameni, pe Adam și pe Eva, le-a spus că aveau voie să facă orice, cu excepția unui singur lucru, pe care nu aveau voie să-l facă. Nu aveau voie să mănânce dintr-un singur pom din grădină. Din păcate, când au fost ispitiți, aceștia au cedat ispitei și au încălcat condiția. Acest lucru nu doar că le-a dat un sentiment de separare, remușcare, rușine și, cel mai rău dintre toate, vinovăție, dar a și deschis ușa pentru și mai multe păcate, aducând lumea într-o cădere liberă, care continuă până astăzi.

Însă nu așa se încheie povestirea. Dumnezeu nu este doar bun și iubitor, El este și atotcunoscător și atotputernic. Dumnezeu nu a reacționat, însă a acționat – cu un plan pe care-l pregătise înainte să creeze lumea. Dumnezeu nu voia ca oamenii să trăiască distruși, în întuneric și despărțiți de El, așa că a venit cu un plan prin care să scoată lumea din distrugere, astfel încât oamenii să poată fi iertați, vindecați, restaurați, reînnoiți și reîntregiți. Isus Mesia, pe deplin Dumnezeu, S-a făcut pe deplin om și le-a arătat oamenilor dragostea lui Dumnezeu, prin jerta Sa de pe cruce. Isus a renunțat singur la propria Sa viață, ca jertfă pentru plata păcatelor noastre. După trei zile, Isus a înviat din morți, nu doar demonstrând puterea supremă a lui Dumnezeu asupra păcatului și a morții, dar și arătându-ne că și noi, dacă credem, și noi vom fi înviați când va veni Împărăția Sa.

Oamenii mor fizic în continuare, dar pentru că Isus a învins păcatul și moartea, cei care-L urmează pe Isus vor avea parte de viață eternă alături de El imediat după ce mor fizic. Trupurile lor mor, însă ei vor fi înviați în viața eternă alături de Isus.

Mi se întâmpla să văd pancarte cu „Ioan 3:16" în multe locuri. Le vedeam pe stadioanele olimpice, pe arenele sportive, pe panourile publicitare etc. Fiind crescut în credința iudaică ortodoxă, habar nu aveam ce înseamnă sau la ce se referea. Astăzi, credincios fiind, aș spune că este, probabil, cea mai cunoscută frază din toată literatura. Aceasta spune: *Fiindcă atât de mult a iubit Dumnezeu lumea, că a dat pe singurul Lui Fiu, pentru ca oricine crede în El să nu piară, ci să aibă viața veșnică.*

Când te oprești o clipă și te gândești la acest lucru, este absolut uluitor, pentru că tocmai bunătatea lui Dumnezeu ne conduce la pocăință (Romani 2:4). Versetul care vine după Ioan 3:16 nu este tot la fel de celebru, însă este la fel de important. Ioan 3:17 ne spune: *Dumnezeu, într-adevăr, nu L-a trimis pe Fiul Său în lume ca să judece lumea, ci ca lumea să fie mântuită prin El.*

Dumnezeu nu este un conducător dur și crud, dornic să-Și verse mânia asupra omenirii. El mai degrabă are inima plină de bunătate și a făcut absolut imposibilul pentru a ne salva. El Și-ar fi putut trimite Fiul în lume ca să ne condamne, însă nu a făcut-o. Dimpotrivă, L-a trimis să sufere, să sângereze și să moară ca lumea să fie salvată prin El. Ceea ce a făcut Isus pe cruce a avut o însemnătate atât de mare, încât orice păcătos, de oriunde, poate fi mântuit, dacă Îl primește pe El.

Am fost mai mulți ani salvamar. Nu am cunoscut pe nimeni care să nu întindă mâna după salvamar ca să se salveze de la înec. Aici cheia este să-ți dai mai întâi seama că te îneci. Cei mai mulți dintre oameni consideră că se descurcă bine și nu văd că iau apă. Sunt atât de plini de ei înșiși, încât nu vor să recunoască nici a treia oară că se scufundă și refuză să strige: „Salvează-mă!" Nu așteptați până pe patul de moarte ca să găsiți un colac de salvare! Vă implor astăzi să-L primiți pe Isus în viața dumneavoastră. El este singurul salvamar de care aveți nevoie cu adevărat. Mărturisiți-I păcatele, credeți cu toată inima că Isus a murit pentru dumneavoastră și mărturisiți că Isus este Domnul și Mântuitorul. Nu doar că veți primi viața veșnică în lumea viitoare, însă veți avea și o viață plină aici și acum. Vă rog, nu muriți în păcat!

Batem palma? este o emisiune concurs de televiziune, transmisă prima dată în Statele Unite în anul 1963, iar de atunci a fost preluată de multe țări de pe glob. Când eram eu mic, erau doar trei canale de televiziune. Emisiunile concurs erau foarte urmărite, iar eu speram să câștige concurentul cu cele mai puține șanse, cum o fac în mod obișnuit și astăzi.

În concursul *Batem palma?* prezentatorul interacționează cu anumiți membri din public, cunoscuți sub numele de „afacerişti". De obicei, afaceristul primeşte un articol de valoare, după care trebuie să decidă dacă îl păstrează sau dacă îl schimbă cu un articol misterios. Esenţa emisiunii stă tocmai în acest mister – afaceristul nu ştie dacă articolul ascuns are o valoare mai mare sau egală sau dacă este „un premiu derizoriu", un premiu de o valoare mică sau lipsit de valoare pentru afacerist.

La sfârşitul emisiunii, prezentatorul alege trei persoane dispuse să renunţe la premiile lor în încercarea de a le schimba cu „lovitura zilei". Fiecare dintre concurenţii care sunt de acord să facă asta alege una dintre cele trei uşi care i se oferă. Prezentatorul îl întreabă pe primul concurent: „Alegi uşa numărul unu, uşa numărul doi sau uşa numărul trei?" Următorul concurent alege din cele două uşi rămase, iar cel de-al treilea concurent primeşte uşa rămasă. Din păcate, pentru unul dintre ei, în spatele uşii se află întotdeauna un premiu de consolare sau nimic.

În cazul lui Dumnezeu, însă, ştim ce ne aşteaptă în spatele uşilor, iar alegerea este mult mai uşoară, pentru că avem de ales doar între două uşi. Dacă alegi uşa cu numărul unu, Îl primeşti pe Isus ca jertă pentru iertarea păcatelor şi ai parte de cel mai bun câştig, nu doar al zilei, ci al eternităţii. Dacă alegi uşa cu numărul doi, nu-L primeşti pe Isus şi jerta Sa pentru iertarea păcatelor tale, ci moartea eternă în păcatele tale – nimic absolut.

Ştiu că pare prea uşor, însă când chiar îţi dai seama de greşelile şi de egoismul tău şi când îţi dai seama de durerea şi de suferinţa pe care le-ai cauzat celorlalţi, începi să ai sentimente de vinovăţie, care este un lucru bun – pentru că aceasta duce la pocăinţă şi schimbare. Vii în faţa lui Dumnezeu şi-L crezi pe cuvânt că te va curăţa şi-ţi va da o inimă nouă. Minunea se întâmplă când alegi să-L urmezi. El te va schimba din interior. Îţi va da putere şi te va îndruma pentru a te transforma dintr-un premiu nesemnificativ în marele Său câştig – nu neapărat legat de valoarea ta, ci legat de faptul că vei fi folosit de El pentru a schimba climatul spiritual al întregului univers.

Nu mă întrebaţi cum face acest lucru. Sunt lucruri care sfidează orice explicaţie, mistere prea mari pentru a fi înţelese şi circumstanţe ciudate care-i încurcă chiar şi pe cei mai deştepţi. Eu ştiu doar că eram cel mai mare egoist, preocupat de propria persoană, iar acum trăiesc pentru ceilalţi şi chiar îi pun pe ceilalţi pe primul loc. În mine s-a produs o mare schimbare şi-mi place foarte mult! Vă rog să alegeţi uşa numărul unu – şi să nu muriţi în păcat!

DESPRE AUTOR

Rabinul Greg Hershberg s-a născut în New York City și a fost crescut în credința iudaică ortodoxă. A absolvit Magna Cum Laude Pace University, iar ulterior a deschis și s-a ocupat de o companie de cercetare executivă în New York City, specializată în servicii bancare și financiare. În anul 1989 s-a căsătorit cu Bernadette, iar în timpul lunii de miere în Israel, a fost binecuvântat de Domnul, care i-a schimbat inima, făcându-l să-și dorească să-I slujească lui Dumnezeu.

În anul 1992, Rabinul Greg s-a alăturat Mișcării Mesianice Evreiești și a fost hirotonisit prin Asociația Internațională a Congregațiilor și Sinagogilor Mesianice (IAMCS). A fost numit conducătorul Congregației Mesianice Beth Judah. În anul 2002, Domnul i-a mutat pe Greg și familia sa în Macon, Georgia, pentru a conduce Congregația Beth Yeshua.

În 2010, lucrarea de slujire s-a răspândit în întreaga lume, iar Congregația Beth Yeshua a devenit Beth Yeshua International (BYI). Adunarea cu sediul într-un birou la stradă s-a transformat într-o lucrare internațională de slujire/centru de formare în Macon, Georgia, cu adunări și școli în India, Kenya, Etiopia, Australia, Germania, Israel și toată America. În plus, mesajele rabinului Greg se transmit în direct în întreaga lume.

În prezent, rabinul Greg locuiește în Macon, Georgia, împreună cu soția Bernadette și cei patru copii ai lor. Mai multe detalii despre rabinul Greg pot fi găsite în autobiografia sa *Din mahala într-un palat*.

www.bethyeshuainternational.com

www.ingramcontent.com/pod-product-compliance
Ingram Content Group UK Ltd.
Pitfield, Milton Keynes, MK11 3LW, UK
UKHW022349301224
452994UK00012B/694